揉めない・損しない・トクをする！

新型コロナに負けない対策！

スッキリ相続への道3

SUKKIRI
SOUZOKU・3

9のキーワード実践編と
25の相続事例から読み解く

廣田龍介

方丈社

はじめに

２０２０年1月、豪華クルーズ船「ダイヤモンド・プリンセス」号に新型コロナウイルス感染者が確認されてから、1年以上が過ぎました。その脅威は、コメディアンの志村けんさんや女優の岡江久美子さんが亡くなり、自宅へお骨になって戻ってきた悲劇を目の当たりにして、忘れようにも忘れられない強いショックを受けることになりました。それ以来、日本国民は新型コロナと向き合い、感染防止対策を続けています。

この状況は、相続対策にも大きく影響を及ぼしています。新型コロナの感染リスクは高齢者、特に基礎疾患を抱えている人に大きく、楽しみにしていた旅行や食事のための不要不急の外出を自粛し、自宅に籠る生活を強いられています。以前は、「もうこの年になると怖いものなど何もないよ」といっていた方々も、外出を控えてじっと我慢しています。表面上は気の強いことをいっても、健康には細心の注意を払っている……、人生１００

年時代をまだまだ謳歌したいという高齢者がたくさんいるのです。

そのような状況下、自宅で過ごしながら、自分の相続に真剣に向き合い、子どもたちへの財産分けを遺言に残すことを検討する方も増えています。

最近の相続に対する考え方は、高度成長期やバブル期とは異なり、財産に対する価値観が変化しています。先代・先々代から守ってきた財産を、次世代以降に残す考え方が薄れてきているのです。

家督相続の時代から兄弟姉妹平等の時代へと、民法の改正による意識改革が起こったことや、経済環境と税制環境の変化、戦後は民主主義の考え方に移行し、高度成長期の消費経済という社会環境が要因になっているのではないでしょうか。

また、地方から上京し、夫婦で老後の生活を楽しみに蓄えた財産だからこそ、自分たちで自由に使いたいという思いが強いのかもしれません。

高度成長期やバブル期、バブル崩壊期では、節税対策を中心に財産を守ることに専念した結果、対策をしても財産を守り切れないことを経験しました。それ以降、下手をしたら、一代で財産を失くしてしまうかもしれない厳しい時代が到来したのです。

今、相続対策は、古き良き時代を懐かしむ80代、90代の高齢者から、企業戦士といわれ日本経済を支えてきた団塊の世代の人たちへと、世代交代が進んでいます。

新しい流れとして、相続対策が国際的になってきました。国際結婚、海外移住など、日本国内に財産を残した状態で非居住者になっているケースが多く、税制面でも、国内の税法だけでは対応しきれない状況も出てきています。

逆のパターンもあります。日本留学、仕事、国際結婚などで日本に定住する外国人の方の出身国の相続法、税法を含めて、国際的な相続対策を行う方が増えているのです。

経済がグローバルになることは、人の生活も国際的になることを意味しており、国際法が複雑に絡み合う時代になってきました。

この国際化の流れは、ＩＴ社会と共に普及し始めているマイナンバー活用にも表れています。政府が運営するオンラインサービス「マイナポータル」には自分専用の「マイページ」があり、各方面の本人情報が集約されています。

近い将来、確定申告時に必要な証明書関係が「マイページ」から確認できるようになります。この「マイナポータル」と連携している行政・銀行・証券会社・保険会社やその他企業からの情報が集約される仕組みです。ここに電子マネー情報が組み込まれると、税理士の仕事がなくなってしまうのではないかと危惧する人もいます。

確かに、将来的には各個人の財産や収入などは、国に把握される時代になると思われますが、相続対策は所有する財産や収入の状況を変化させていくことにあります。相続対策は常に状況が進化しますので、税理士の仕事がなくなることを、私自身はあまり心配していません。むしろ、相続対策に真剣に取り組もうとする人たちの力になることで、生き残れる職種と考えています。

相続は富裕者層の方々の問題と思われがちですが、相続そのものは生きているすべての人の問題であり、すべての人の悩みです。各人各様の相続問題がありますので、その悩みを解決するのが相続対策と考えれば、税理士の仕事は無限にあるでしょう。

大事なことは、皆さまの「お悩み解決」をすること。お付き合いのほどをどうぞ宜しくお願い申し上げます。

廣田龍介

新型コロナに負けない対策！

スッキリ相続への道 3

もくじ

コロナ禍の相続対策

廣田龍介×有山典子　特別対談

付録

2021年度税制改正

2021（令和3）年度の税制改正が決定されました。
新型コロナウイルスが猛威を振るうなか、
感染防止と経済成長の両立に向けた改正がメインとなりました。
相続分野でも祖父母や親（直系尊属）から資金の贈与を
受けた場合の非課税措置の取り扱いが改正になりました。

非課税措置の取り扱いが改正される

人生100年時代の長寿社会が到来し、相続は資産を残す親、資産を受ける子どもの両方が高齢になっている「老老相続」が増えました。資産が高齢者層に留まり、現役世代に引き継がれにくいことは消費低迷の一因とされています。

そこで、祖父母や親から子や孫への世代間の資産移転を早めるため、住宅取得、教育資金、結婚・子育てなど特定の資金については、一定額まで贈与税が非課税になる特例措置があります。２０２１年度改正ではこれら三つの資金贈与の非課税措置の取り扱いが変わります。

住宅資金贈与は拡充

まず、住宅資金贈与の非課税措置です。コロナ禍で住宅を取得する環境が悪化していることから、需要喚起のため拡充されます。

現行制度は、２０２１年3月末までの住宅取得については省エネ住宅で１５００万円、一般住宅で１０００万円までを非課税としており、２０２１年4月からこの限度額をそれぞれ引き下げる予定でした。

改正では、この引き下げを見送り、現行内容を２０２１年12月末まで適用します。また、対象住宅は床面積が「50平方メートル以上２４０平方メートル以下」という条件がありますが、贈与を受ける人の合計所得金額が１０００万円以下なら下限を「40平方メートル以上」に引き下げられました。

教育資金一括贈与は厳格化

教育資金の一括贈与の非課税措置とは、30歳未満の人が祖父母や親から教育資金を一括で贈与してもらう場合、１５００万円までが非課税となることです。金融機関に専用口座を作って資金を託し、授業料など教育資金が必要になるたびに引き出す仕組みになっています。

制度の期限は２０２１年3月末に迫っていましたが、さらに2年延長となりました。ただし、相続節税に利用されているという批判に配慮し、適用条件は厳しくなります。現行制度は、口座の資金を使い切っていない状態で贈与した祖父母らが亡くなった場合、贈与から3年以内なら残金を相続財産に加算し、相続税の対象となります。しかし、贈与から3年超であったり、贈与を受ける人が23歳未満であったりした場合は、相続税の課税はありません。また、祖父母から孫への相続は、通常、税額を2割加算しますが、その適用外となります。改正では、資金を贈ってから3年以内という期限をなくし、2割加算も適用になります。

結婚・子育て資金の一括贈与の非課税措置は、20歳以上50歳未満の人が結婚や子育てのための資金を一括で贈与してもらった場合、1000万円まで非課税とするものです。こちらも期限が2021年3月末まででしたが、2年延長となりました。また、現行は、教育資金同様に孫への相続でも2割加算が適用外ですが、適用するよう改めます。さらに2022年4月からの成人年齢引き下げに合わせ、18歳から利用可能となります。

相続・贈与は大改正が控えている

2021年度の税制改正はコロナ禍で緊急となる措置を優先し、相続分野はこれら非課税措置の見直しにとどまりました。しかし、今後は大改正が控えている様子です。

大綱は「資産移転の時期の選択に中立的な税制の構築に向けて、本格的な検討を進める」と提言していました。相続と生前贈与を一体的に捉え、親から子どもへ世代間の資産移転をいつ行っても、税制上、中立的になるような観点から検討するとのことです。

現在、贈与税は年間に贈与してもらった財産額から基礎控除110万円を差し引いた額に累進税率を適用する「暦年課税」と、生前贈与を受けた資産について贈与した人が亡くなった時点で課税する「相続時精算課税」があります。相続時精算課税のほうが中立的ですが、選択制になっているため暦年課税が圧倒的に多く使われています。

贈与税は相続税の負担回避を防ぐため、相続税より高い税率が設定されています。しかし、そのために生前贈与が抑制され、世代間の資産移転を妨げる要因になっているのです。

一方、富裕層であれば財産を分割して贈与することで、相続税より税率を下げることが可能になるという制度上の矛盾もありました。暦年贈与は年間110万円の基礎控除額があるので、年100万円の贈与なら非課税、年300万円なら贈与税19万円（贈与税率15％）、500万円なら同48万5000円（同15％）です。このように税率を抑えた贈与を毎年行う「連年贈与」が目立ちます。

そこで、暦年課税と相続時精算課税の制度のあり方を見直そうという流れがあります。

ここで、どのような内容が考えられるでしょうか。連年贈与にメスを入れる方法としては、①連年贈与を一定期間で合算課税する、②相続開始前3年以内の贈与は相続税対象ですが、それを「5年」「10年」などに延ばす、③暦年贈与の基礎控除110万円を「50万円」などに下げる、などが考えられます。

暦年贈与を見直す改正は、比較的早いと考えたほうがよさそうです。

新型コロナで地価下落？ 相続税申告には注意が必要

新型コロナの影響で、深刻な景気後退が現実味を増しています。不動産価格に影響するのではないかという懸念もあり、地価が下落すると相続税の土地評価額と実勢価格の間に差が生じる可能性があるので、これからの相続税の申告には注意が必要です。

相続が起きた場合、相続財産はどのように評価し、どんなスケジュールで相続税を納税することになるのか、最初にそれを確認しておきましょう。

相続財産の評価時点は相続が発生した日となり、それから10カ月以内に相続税を申告し、納税する必要があります。原則として相続税は現金納付です。

相続財産の土地については、相続が起きた年の路線価で評価します。毎年の路線価は国税庁が7月ごろに公表しますが、これは国土交通省が毎年3月に公表しているその年の1月1日時点の公示地価の「8割水準」となっています。

２０２０年の公示地価は東京圏住宅地で昨年より１・４％、同商業地で同５・２％それぞれ上昇し、７年連続の上昇となりました。しかし、これは１月１日時点、つまり「ほぼ昨年の実績」であり、その後の新型コロナによる影響は反映されていません。

これは、今後公表される路線価も同様です。新型コロナの影響で地価が下がったとすれば、相続の発生と申告の時期によっては土地の相続税評価額と時価との間にギャップが生じる可能性があります。

路線価は公示価格の８割水準であるため、つまり残る２割部分は地価が下がっても変動分を吸収する緩衝の役目を果たしてくれます。しかし、下落幅が大きければ時価が路線価を割り込むこともあるでしょう。相続税の申告ではこの「路線価＞時価」が起きていないかという確認が重要になります。

現に1990年代のバブル崩壊では、地価が大幅に下落し、都内の土地評価額はピーク時の4分の1から、5分の1になりました。

時価が路線価を大きく下回ったことで「相続の悲劇」も生まれました。例えば、土地の相続税評価額が1億円あり、相続税額が5000万円というケースでは、相続税を支払うために土地を売却しようとしても2000万円でしか売れず、残りの3000万円を捻出する必要に迫られるという事態もありました。

今後の相続税申告三つのケース

これからの相続税の申告は、次の三つのケースです。

①2020年相続発生→今年申告
②2021年相続発生→今年申告

③２０２１年相続発生→来年申告

①のケースでは、昨年の路線価で評価され、相続税が計算されます。しかし、土地の売却資金で納税を考えている場合、地価下落によって売却額が見込みを下回り、納税の計画を見直さなければならないこともありえます。

②のケースでは、今年の路線価で評価されます。今年の路線価は昨年を上回るのは確実であるため、①のケースより状況は厳しくなるでしょう。

「路線価＞時価」の逆転現象が起こった場合はどうすればよいのでしょうか。相続税申告では土地の評価は路線価を基準とするのが原則ですが、バブル崩壊後の「相続の悲劇」を受け、１９９２年からは「路線価＞時価」となった場合でもその時価評価が適正であると判断されれば、時価での申告が認められています。逆転現象が起きた場合は不動産鑑定による時価申告も視野に入ってくるでしょう。

２０２２年納税なら「時点修正」も

③のケースでは、今年の路線価と不動産鑑定による時価を比較して考えるのは、②

と同様です。ただし、申告が来年であるため2022年3月に発表される公示価格が下落していれば、それにあわせて今年の相続発生時の路線価を修正する「時点修正」も可能だと考えられます。

例えば、2021年8月に相続が発生し、今年の路線価が100だったのに対し、来年は70と3割下がった場合で考えてみましょう。今年に年間を通じて地価が継続的に下落したとすると、8月時点では1月から（8÷12）カ月分、つまり2割下がったと考えられます。これを合理的な算出方法として申告することも可能です。

このように、地価の行方は相続税額の計算方法や、納税資金の捻出方法に大きく影響します。これは相続人の間で財産をどのように分けるかという遺産分割協議にも深く関わってきますので十分な注意が必要です。

東京都区内では約18％の人が相続税を払っている

最後に、2015年の相続税改正により、相続税の基礎控除額の定額部分が下がりました。基礎控除額が下がったのは当時は50年ぶりの大改正であり、相続税法の大事件でした。基礎控除は「3000万円＋600万円×法定相続人の数」です。もし、実家が地価の高い場所にあったり、都内に広大な土地を持っていたらそれだけで基礎控除はゆうに超えてしまうでしょう。改正により課税対象者が約2倍になったといわれています。

東京都区内で2018年に相続税を払った人の割合は、全体の約18％です。内訳をみると千代田区で相続税を払った人の割合は全体の39・4％、港区は31・23％、渋谷区は31・22％、続いて目黒区、世田谷区、杉並区と続きます。

いずれ誰しも相続は発生します。身内の死、ましては自分の死のことを考えるのは憂鬱ですが、相続対策は「人生とは」を考えるよい機会になります。少しでも早く対策を打ち、「人生100年時代」を謳歌しましょう。

東京都区内の相続税がかかる人の割合（2018〈平成30〉年）

区	死亡者（人）	相続税がかかった被相続人（人）	相続税がかかった被相続人の割合（%）
千代田区	401	158	39.40
港区	1,588	496	31.23
渋谷区	1,598	499	31.22
目黒区	2,023	603	29.80
世田谷区	6,837	2,003	29.29
杉並区	4,518	1,241	27.46
文京区	1,640	443	27.01
中央区	911	231	25.35
新宿区	2,662	615	23.10
中野区	2,737	547	19.98
豊島区	2,455	473	19.26
練馬区	6,134	1,149	18.73
品川区	3,165	562	17.75
大田区	6,467	1,072	16.57
台東区	1,918	309	16.11
北区	3,763	490	13.02
板橋区	5,000	643	12.86
荒川区	2,097	257	12.25
墨田区	2,481	281	11.32
江東区	4,093	441	10.77
江戸川区	5,933	597	10.06
葛飾区	4,577	431	9.41
足立区	7,093	656	9.24
合計	80,091	14,197	**17.72**

千代田区は39%の人が相続税を納めている

ベスト5は、千代田区、港区、渋谷区、目黒区、世田谷区

東京都区内では18%の人が相続税を納めている

出典：2018(平成30)年分国税庁東京国税局管内課税割合比較

「バブルからコロナ」へ。大きく変わった30年

節税の王道だった不動産投資

相続対策は経済や社会の変化を映し出す鏡です。この30年、相続対策で受けてきた相談を振り返ると、対策の手法や内容は時代の流れと共に大きく変化してきたと実感します。

まず、相続対策の手法が変わりました。バブル期には節税対策として不動産投資が盛んに行われていました。相続税は累進税率であるため地価や株価の上昇に伴って相続税評価額が上昇すると、それを上回る税負担がのしかかってきます。

そこで相続節税として不動産投資がメインとなりました。不動産の相続税評価額は時価の8割という評価ギャップがあり、それを利用する手法です。

投資資金がなければ、借入金をしてまで不動産を取得しました。借入金の返済計画は契約更新ごと賃料が上昇していく想定になっており、多額の借り入れも安心して行

うことができました。何より「地価は上昇する」という土地神話があったため、迷いはなかったのです。

しかし、バブルは崩壊しました。節税対策として不動産投資を行った資産家は、その後始末に追われることになり、膨らんだ借入金の返済は厳しいものでした。

バブル崩壊後の相続では相続人の1人だけが全財産を相続し、他の相続人は相続放棄をするケースも多かったものです。全財産を相続した人は資産と負債を評価し、最終的に債務超過であれば自己破産を選択。財産整理のため犠牲になる捨て身の対応でした。

不動産の評価ギャップを利用する節税対策は現在でも有効です。しかし、それはバブル期に不動産投資を行わなかった資産家だけが使える手段として生き残っているだけです。

コロナ禍の入院「遺言どうする」

相談者の高齢化と共に相談内容も変わってきました。相続対策をする人の年齢が高くなり、健康や介護に関わる相談が増えています。

介護が必要になったり、認知症になったりした場合への対応として、財産管理や遺言の作成、家族信託の手続きなどに早くから取り組むことが必要になっています。

しかし、相続対策を始めようとしたときにはすでに手遅れというケースも少なくありません。特に、現在のような新型コロナの感染拡大局面では高齢者の感染リスクが高いことから、相続対策が進めにくい状況が生まれています。

東京在住のMさん（82）は昨年、軽い脳梗塞を起こし、リハビリのため病院に入院しました。

Mさんは約50年前に離婚し、その後、現在の妻Y子さん（78）と再婚。先妻との間には子どもが2人いますが、長らく音信不通になっておりどこにいるかもわかりません。Mさんに万一のことがあり、相続開始となれば、先妻の子どもも交えて遺産分割協議を開くことになるでしょう。しかし、所在すらわからないため探しようがない状況です。

万一のとき、遺言で遺産の分割方法が指定されていれば、遺産分割協議を行わなくても指定通りに遺産分割をすればよいのです。そこで、Y子さんはMさんに遺言を書いてもらおうと考えました。

しかし、新型コロナ対策として病院での面会が禁止され、Mさんと会うことができません。遺言内容を確実に実行できる公正証書遺言を作るには、通常は本人が公証役場に出向く必要があります。入院中であれば公証人らが病院に出張することも可能ですが、面会ができないため遺言の作成ができないのです。

手軽に作成できる自筆証書遺言ですら、Mさんにとっては体力的に書き上げるのが難しそうです。Y子さんは子どもたちと相談し、緊急避難として「すべて妻に相続させる」と簡単な文面だけでも書いてほしい、とMさんに電話で伝えました。

元気なうちに遺言を書こう

すると、Mさんから思わぬ返事がありました。「書斎の金庫を開け、そこにある茶封筒の中を見てほしい」と。そこには自筆証書遺言があり、まさに「妻にすべての財産を相続させる」という内容が記されていました。Mさんは以前から考えてくれていたのです。

この遺言があれば、万一のことがあっても、相続手続きを進めることができます。もし先妻の子どもから、相続人に保障された取り分である「遺留分」の請求があっても、その時に対応すれば解決できる、とY子さんは安心しました。

税理士よりプラスオン・アドバイス

離婚した前妻との間の子どもと、今の再婚相手や再婚相手との子どもは、お互いの立場を理解しにくく、相続トラブルが発生しやすいものです。再婚した今の家族は「会ったこともない前妻の子どもに遺産を渡したくない」と思うでしょうし、離婚した前妻との間の子どもは「父親らしいことを何もしてもらっていないから、せめて遺産だけでも分けてほしい」と考えるからです。このような方は遺言を残すことは必須です。

コロナ禍の相続対策

新型コロナウイルス感染防止のための休業、外出自粛要請などで、収入が急減している企業や個人は多く、２０２０年緊急税制措置法が成立。新型コロナで苦しむ人々を税金面で支援する対策が盛り込まれました。このコロナ禍を本書に残すためにも八つの税制上の措置と、奮闘する資産家の相続対策を紹介します。

新型コロナによる収入減なら納税は１年間猶予

２０２０年にコロナ禍の影響で行われた緊急税制措置法の第一は、納税を猶予する特例です。収入が急減した企業や個人について、無担保かつ延滞税なしで１年間、納税を猶予することが定められました。２０２０年2月~２０２１年1月に納期限が到来する所得税、法人税、消費税などすべての国税が対象です。

新型コロナの影響で、２０２０年2月以降に収入が1カ月間以上にわたり前年同期比20%以上減り、納税が困難になったことが条件です。法人では売上高、個人では事業収入、給与収入、不動産賃料収入など経常的収入が対象になります。

第二は、赤字転落した中小企業を支援する「欠損金の繰戻しによる還付」の特例です。青色申告書を提出する資本金1億円以下の中小企業については、前年度が黒字で、翌年度は経営悪化で赤字転落した場合、前年度に納付した法人税から赤字の一部が還付される制度があります。これを「欠損金の繰戻しによる還付」といいます。特例ではその対象を広げ、資本金1億円超10億円以下の企業も還付が受けられます。これは収益が急落している企業が増えているのに対応する措置です。

中小企業にテレワークを促す措置

第三は、中小企業のテレワーク導入支援です。政府は感染防止策として企業に可能な限りテレワークを実施するよう要請しました。

それまでテレビ会議システムなどを整備していた中小企業は多くはありません。そこで、中小企業の設備投資を後押しする「中小企業経営強化税制」の対象にテレワーク設備を加えました。テレワークを導入した場合、その取得額について全額を即時償却するか、7%を法人税額（資本金3000万円以下の法人は10%）から税額控除できます。

第四は、消費税について中小事業者がその課税事業者になるかどうかを決める「選択届出書」の提出に関する特例です。消費税は資本金1000万円以上の法人か、2期前の課税売上（消費税がかかる収入）が1000万円を超えていれば、申告・納付します。これにあてはまらない中小事業者は申告・納付をするかを自分で選択できます。申告・納付するかどうかを変更する場合、その選択届出書は課税期間（個人は暦年、法人は事業年度）が始まる前に提出しなければなりません。しかし、今回は売り上げが著しく減少している場合なら、課税期間開始後でも認められるようになりました。売り上げが急減するなどして売り上げが仕入れを下回った場合は、申告・納付したほうが有利になることがあります。そのための選択肢が広がることになりました。

第五は、特別貸付の印紙税の非課税です。新型コロナの影響を受けた事業者への無利子無担保の特別貸付には申し込みが殺到しています。この特別貸付を受けた場合、契約書の印紙税は免税とし、負担を軽減しました。

第六は、地方税である固定資産税の減免です。経営の厳しい中小企業について、保有する機械など償却資産や、事務所・工場・店舗など事業用家屋の固定資産税や都市計画税を２０２１年度分に限り減免します。２０２０年２〜10月のうちの３カ月間において、売上高が前年同期比30％以上50％未満減少している場合は２分の１、同50％以上減少なら全額免除となります。こちらの恩恵は大きいといえるでしょう。

住宅ローン控除は弾力化

次は家計に関するものです。第七は、住宅ローン控除制度の適用要件の弾力化があります。住宅ローンを利用してマイホームを新築・購入した場合、ローン残高の１％を所得・住民税から控除する制度があります。適用を受けるには新築・購入から6カ月以内に入居するという要件があり、さらに、２０１９年10月の消費増税増税にあわせ、２０２０年12月までに入居した場合には、控除期間が13年と3年間延長になる特例ができました。しかし、新型コロナの影響で住宅工事の遅れが目立ち、期限に間に合わない可能性も出ています。そこで、２０２０年12月までに入居が間に合わなくても一定の要件を満たせば、２０２１年12月までに入居すれば特例の対象となるよう要件を弾力化しました。これで期間に余裕ができたため、工事進行の遅れに気を揉まずに済む家庭も多いでしょう。

第八は、政府の自粛要請で中止になったイベントのチケットを購入した人の税軽減です。すでにチケットを購入していた人が代金の払い戻しを放棄した場合、20万円を上限に所得税の寄附金控除の対象となります。イベント主催者が文化庁などに申請して証明書を発行し、チケット購入者が確定申告時に証明書を添付して手続きをします。これは主催者とチケット購入者の両方の負担軽減を狙っています。

今回の緊急税制措置法は閣議決定から成立まで11日間と異例のスピードでしたが、企業や家計が厳しい局面を迎えるのはこれからでしょう。一日も早く安心した生活が戻るよう、新型コロナの早期の終息を願うばかりです。

事例から学ぶ相続―02

新型コロナ打撃の「賃料減免」。相続節税の大家が応じた気概

相続税の節税対策でテナント大家に

相続対策では賃貸用不動産を活用する手法が節税効果が高いため、広く活用されています。しかし、新型コロナの影響で店子（テナントなど）が経営難となり、大家となった高齢者が賃料減免や退去を申し入れられるケースが出ています。

賃貸用不動産を活用する手法が相続節税として人気が高いのは、不動産の時価に対し相続税評価額を大幅に下げることができるためです。自分の所有地に建物を建てて人に貸すと、その土地は「貸家建付地」となって評価額が下がり、200平方メートルまではさらに評価額が50％減る「小規模宅地等の特例」もあります。

東京都在住のYさんも相続対策として賃貸用不動産を活用しています。5年前、自己資金と銀行融資2億円で、駅から徒歩5分の好立地にある5階建てビルを購入しました。1階が店舗で2階は事務所、3～5階は賃貸マンションとなっています。こう

した財産の相続税評価額を抑えるため、銀行からの借り入れは賃料収入で返済していく計画です。

最近になって1階店舗の店子から、「賃料を50%減額してほしい」と申し入れがありました。新型コロナの影響で売り上げが大幅に減ったといい、期間は6カ月とのことです。

政府は新型コロナ対策で国民に不要不急の外出の自粛を呼びかけ、店舗などには休業や営業時間短縮を要請。売上が激減した店舗は多く、大家に賃料の一時的な減額や支払い猶予などを求める動きがあります。

Yさんはなんと返事をしたらよいか迷いました。店子からの家賃収入は1階店舗が一番高く、銀行への返済原資としてあてにしています。賃料50%減はかなり重く、断れるものならば断わりたいのが本音です。

しかし、店子の厳しい状況は十分に伝わってきました。6カ月間と区切って減額要請をするのは、この場所でまだ頑張りたい気持ちからでしょう。もとより退去されたら家賃収入はなくなってしまいます。Yさんは悩んだ末、賃料の減額を受け入れました。

店子も大家も新型コロナを乗り越えよう

賃料は店子と大家の間で取り交わされた賃貸借契約に基づいて決められています。借地借家法32条では土地・建物の価格、経済事情の変動などがあれば、契約条件にかかわらず賃料の増減を請求することができるとしています。ただし、基本的には店子と大家の間の話し合いで合意することが必要です。

また、国土交通省は新型コロナ問題を受け、不動産関連団体に対し賃料の支払いが困難な事情がある店子には賃料の支払いの猶予に応じるなど、柔軟な措置の実施を検討するよう求めました。

Yさんが賃料の減免を受け入れたのはこうした国の要請や税制支援策があることよりも、「お互いにこの問題を乗り越えていこう」という純粋な気持ちからです。

店子と大家との間で十分話し合い、良好な関係を保ち、お互いに理解し合うことこそ、「必ず道は開ける」はずです。Yさんはそう信じています。

税理士よりプラスオン・アドバイス

国の支援は店子も大家も漏れなく活用しましょう。賃料の減免や猶予に応じた大家への支援策として、賃料減額分は税務上の損金に計上できることが明確化されており、事業収入が減少した中小企業や小規模事業者は、建物・設備の固定資産税額が免除されます。

事例から学ぶ相続―03

コロナ禍で78歳の相続対策。「自宅に商業ビル」を建てる不安

不動産を売るには忍びない

駅から10分圏内の好立地にまとまった不動産を所有しているYさん（78）は相続対策を検討中です。悩みの種は不動産が保有財産の9割超を占めており、金融資産が少ないこと。このままでは自分が亡くなると、子どもたちは納税資金が不足してしまいます。

不動産はYさんの親から相続したもので、商店街のメイン通りの周囲にまとまった広さの貸し地があります。将来の納税資金を捻出するため売却するという手もありますが、親からせっかく引き継いだ不動産を売るのは忍びないものです。一帯には再開発計画が持ち上がっており、その実現のためぜひ残しておきたいというYさんの思いもあります。

そこで考えた相続対策が自宅の土地活用です。自宅はメイン通りから一本裏手にあ

り、古い木造建物の飲食店が軒を連ねている場所にあります。Yさんも自宅周辺の数棟の木造建物を飲食店に賃貸していますが、いずれも築40年超と老朽化しています。昔ながらの良さが残っているといえば聞こえはよいですが、取り残された地区という見方のほうが正しいでしょう。

銀行は「返済計画に問題なし」と太鼓判

そこで、自宅と周囲の木造建物を取り壊し、Yさん個人名義で店舗併用住宅の5階建てビルを建てるというプランを考えました。建築資金は銀行からの融資を受けます。借入金の分は相続財産評価額が減り相続節税になります。ビルが完成すれば毎月の賃貸収入が返済原資となり、相続対策が完了します。銀行は「ビルの立地からみて、不動産投資の利回りは高く、返済計画に問題はない」と太鼓判を押しました。

Yさんが亡くなったらビルを法人化します。ビルを法人に売却した資金と、所有不動産のうちの駐車場を売った資金が、相続税の納税資金になる見通しです。それでも不足する場合は、ビル敷地の一部を法人に売却し完納する予定としました。

ビルを法人化すればその後の賃貸収入は法人所得となります。個人の所得税よりも法人の法人税の税率のほうが低いため税負担は軽くなり、借入金の返済が有利になります。

問題は「あと何年生きられるか」

相続対策としては申し分ないプランです。しかし、Yさんには不安があります。

今や世界中が新型コロナの影響で、政治も経済も大混乱の最中です。日本も第三波が到来し、2度目の緊急事態宣言が発令され先が見えない状況です。ワクチン接種は始まりましたが、新型コロナ前の生活には戻らないでしょう。そうしたなか、相続対策とはいえ多額の借金を抱えてビルを建築しても大丈夫なのか……、本当に長きにわたって賃貸収入が確保できるでしょうか。

さらに、Yさんが心配しているのは、自分はこの先あと何年生きられるだろうか、ということです。新型コロナが終息しても、また新たなウイルスがやってこないとも限りません。自分はもう78歳。この相続対策が完了するビルの完成は無事見届けられるのか不安が募ります。現在は健康に不安はありませんが、先のことは誰にもわかりません。

けれども子どもたちのことを考えれば相続対策は必要です。元気な今、行動を起こすしかないと、Ｙさんは自分にいい聞かせています。

税理士よりプラスオン・アドバイス

新型コロナのような非常時には経験則があてになりません。バブル崩壊、リーマンショック、東日本大震災など過去の大きな出来事では地価や株価が落ち込みましたが、足元の新型コロナショックでは、実体経済は大打撃なのに地価や株価は上昇する不思議な現象が生じています。様子見をするか、子どもたちのために相続税対策の行動を起こすか……、それぞれの決断を税理士は責任を持って支援します。

事例から学ぶ相続―04

新型コロナで地方に「疎開」。82歳資産家がみた働き方改革

作業に集中したいのに「なぜできない」

新型コロナの感染拡大で外出自粛ムードが強まり始めた2020年3月初旬、東京都心に住む資産家のAさん（82）は、確定申告のために自宅マンションにこもり、自分の資産や収入の状況などの資料をまとめていました。

新型コロナウイルス感染症は高齢者や疾患を持っている人は重症化するリスクがあるとされ、人混みの多いところへの外出は避けるよう呼びかけられていました。Aさんはそれを律儀に守り、ほとんどを自宅で過ごし、たまに外出するのは食料品の買い出しと散歩ぐらいなものでした。

しかし、自宅にこもって書類や数字と格闘しているうち、Aさんは自分がストレスで精神的に参ってきたと感じるようになりました。

2020年分の確定申告は新型コロナの影響から密を避けるため、確定申告の期間

が2021年4月16日までと通常より1カ月延長されました。時間は十分あるので何も焦ることはありません。税理士から「ゆっくりまとめてくれればいい」と連絡があり、それは理解しています。けれどもAさんは昔から期限や納期は厳しく守ると自分にいい聞かせここまでやってきました。今回も通常の期限内に申告するのは当然と考えています。

ところが、どうしても作業に集中できないのです。もともと外出好きだったわけではありません。しかし、外に出てはいけないといわれると無性に外の世界が気になってくるものです。旅行や外食ができないことに息苦しさを感じているのかもしれません。

住まいのマンションが騒がしくなっていることも原因の一つかもしれません。新型コロナの影響で小・中高校が臨時休校となってからマンションのエントランスや玄関、外の道路は子どもたちの格好の遊び場となっています。Aさんは、このまま自宅のマンションにいることに息が詰まるようになりました。

幸いAさんは空気のきれいなリゾート地に温泉付きマンションを所有しています。「そこに〝疎開〟しよう」というアイデアが浮かびました。人口が密集し、感染リスクの高い都心から、安全な地方へと脱出するのです。

これは現代の〝疎開〟だと、Aさんの脳裏に子どもの頃の戦争体験が甦ってきました。

若い男性が「私も疎開しに来ました」

Aさんはさっそく確定申告に必要な資料とノートパソコンをかばんに詰め込み、東京駅に向かいました。新幹線に乗り込むと普段は混み合っているはずの車内は乗客がまばらでした。

車中、Aさんが気がかりだったのは、大都市からの人の流入を地方が警戒しているとのニュースです。地方では厳しい目で見られるのではないかと思っていましたが、目的地に着けば特にそんな様子もなく、ひと安心しました。

所有するリゾートマンションの部屋に入り、ゆったり温泉につかる……。久しぶりにリラックスした気分が甦ってきました。一息ついたAさんは夕食のためマンション内のレストランに出かけると、30代とおぼしき若い男性が一人先客でおり、しばし世間話を交わすことになりました。

Ａさんが冗談めかしに「東京から疎開しに来ました」というと、面白いことにその若い男性も「偶然ですね。私もこのリゾートマンションに疎開しています」といいます。Ａさんは興味をひかれました。

若い男性は普段は東京都心で妻と3歳の娘と暮らしているそうです。勤務先は以前からテレワーク環境が整っており、新型コロナ感染対策として少し前に完全な在宅勤務に移行したとか。しかし、自宅では幼稚園が休園になった娘が「一緒に遊んで」と寄ってきたり、妻から用事をいいつけられたりで仕事がなかなか進まず、そこで親が所有するこのリゾートマンションに退避してきた、と笑いました。

テレワークなら本来、仕事場はどこであってもよいのでしょうが、「ここは落ち着いて仕事ができ、すごく効率がいいです」と若い男性はいいました。まれに東京都心の会社に出社しなければならない用事もあるそうですが、少し早起きして新幹線に乗ればいいので、自宅からの通勤と比べてもあまり変わらないそうです。

新型コロナでリゾートマンションの評価が変わるか？

Ａさんは「そんなものか」と思いましたが、すぐにこの若い男性の話に納得することになりました。リゾートマンションに来てから自宅でのストレスが嘘のように消え、確定申告の作業がはかどるようになったからです。ノートパソコンで資料をまとめ、税理士事務所にメールし、現物の書類は宅配便で送りました。難なく作業は終わり、心に余裕が生まれました。

都心の自宅に閉じ込められ、ウイルス感染を恐れながらびくびく過ごすより、地方で〝3密〟を避けながらのびのび暮らしたほうがずっといいものです。ストレスのない生活なら免疫力も高まり、感染リスクを減らすことにもなるでしょう。Aさんは「働き方改革が叫ばれてきたが、きっと新型コロナ終息後は働き方や生活のスタイルが変わる」とみています。

実のところ、このリゾートマンションは購入後にかなり時価が下がり、Aさんは相続対策として売却を検討していました。しかし、「新型コロナ終息後にこのような物件の価値が見直されるかもしれない」と、Aさんはそんな皮算用をしているところです。

税理士よりプラスオン・アドバイス

新型コロナの影響から、大企業は都心のオフィスを縮小しリモートワーク体制、ＩＴ企業やベンチャーからは休暇と仕事をミックスさせた「ワーケーション」という言葉も生まれました。今後はリモートワークが定着化し、もう従来の通勤スタイルには戻らないと予測します。オフィスビルを賃貸している方は早めの方向転換を検討してください。

贈与と遺言、そして遺贈

自分の財産を自分が願う金額や割合で、特定の誰かに引き継がせたい人は「贈与」と「遺言」の二つの方法があります。贈与は生前、遺言は死亡後に財産を贈ることができます。この二つは似ているように見えて、税務上はかなりの違いがあります。贈与と遺言、さらに遺贈についても学びましょう。

子どもや孫たちへ贈与で「愛を示そう」

相続対策のうち生前贈与の手法を検討する人は高止まりとなっています。国税庁のデータによると、２０１８年に贈与税の申告書を提出した人は49万４０００人（対前年比▲2・5％）です。そのうち申告納税額がある方（納税人員）は36万人（同▲2・5％）であり、その申告納税額は2788億円（同＋34・2％）となっており、2017年分と比較すると、申告人員および納税人員は減少し、申告納税額は増加しました。

贈与は自分が生きているのですから、子どもや孫にお金をあげれば「ありがとう」の気持ちが返ってきます。一方、相続は自分が亡き後のことなので、子どもはもらって「当たり前」だとそれぞれの取り分を主張し、いったんこじれると相続争いに発展していきます。

親ならば、財産を残して子どもから「当たり前」と思われるより、子どもから「ありがとう」といわれながら生きたほうが幸せです。子どもにとっても住宅費や教育費などで家計が苦しい時に贈与を受ければ、親に手を合わせ、拝みたくなるくらい感謝するでしょう。

その目的に合った贈与をすれば、緊急避難的な相続対策に活用できるだけでなく、子どもの生活が安定し、家族の喜びを得ることができます。

贈与税の申告状況の推移

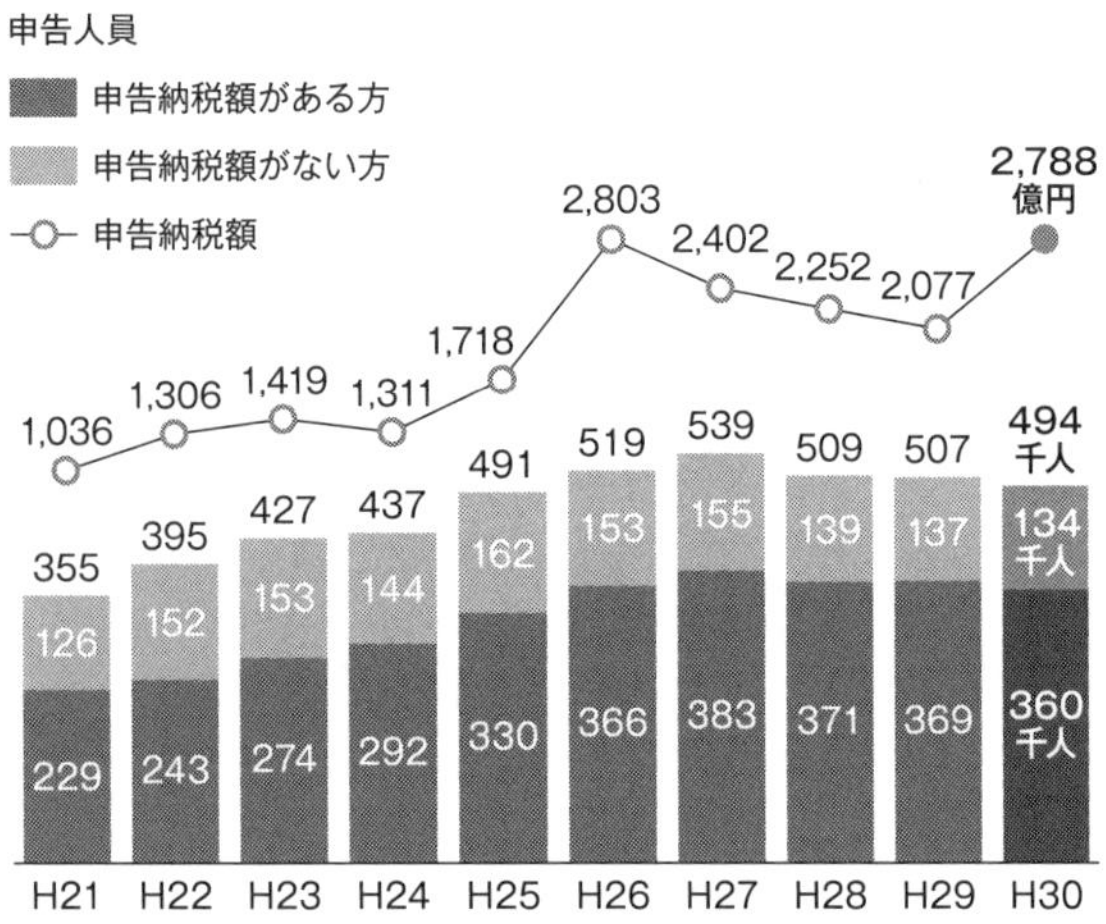

＊翌年３月末日までに提出された申告書の計数です。

出典：国税庁「平成30年分の所得税等、消費税及び贈与税の確定申告状況等について」より

遺贈は「一方的な行為」

贈与は財産を贈る人（贈与者）ともらう人（受贈者）が相対で交わす契約であるのに対し、遺言は遺言を作った人（遺言者）の一方的な行為です。遺言を作るとき、もらう人の了承を得る必要はありません。

もちろん、財産を贈る人ともらう人の間で事前に話し合い、それを確実にするために遺言を書くことは多いでしょう。けれども遺言は法律上、作った人の「単独行為」で完成します。遺言で相続人以外の人に財産を贈ることを「遺贈」といい、例としてユニセフなどへの寄付や世話になったお手伝いさんに財産の一部を残すなどがあります。

問題は、贈与と遺贈は相続人が受け取る印象が変わってくることです。贈与は財産を贈る本人が自分で財産の移転手続きを行うため問題は起こりにくいですが、遺贈となると遺言を作った人はすでに亡くなっているため、「なぜ、身内でもない人に財産をあげなければいけないのか」と相続人が大騒ぎすることがあります。

遺言を作るときは、遺言の内容を実現するための手続きをする「遺言執行人」を選任することが多いです。遺言執行人がその遺言を示す場合、相続人と受遺者の全員を集め、内容を報告するのが通例です。相続人ら一族が集まる場に、見知らぬ遺贈者が一人同席することには、相続人が強く反発することがあります。そうした場合、遺言執行人がそれぞれの相続人に個別に報告することになり、時間や手間もかかってしまいます。

遺贈者は家族と一緒の申告手続きが必要

また、贈与と遺贈では税務の手続きも異なります。贈与は財産をもらう人がその申告をし、贈与税を納めたところで完結です。しかし、遺贈は同じ贈与ではあるものの、財産を贈った人が亡くなったことによって財産移転を行うことから、贈与税ではなく相続税の申告対象となります。

このため、亡くなった人（被相続人）の相続税申告には、相続人だけでなく受贈者がもらった財産も含めて相続税額を計算します。心理的な障壁があったとしても、相続人と遺贈者は一緒に相続手続きをしなければならないのです。
贈与財産が不動産であれば、さらに協調が必要になります。名義変更は遺贈者が単独ですることはできません。相続人全員かあるいは遺言執行者のいずれかとの共同申請とする必要があります。

契約を交わす「死因贈与」とは

そこで、遺贈とは別に財産を贈る人ともらう人が事前に贈与の契約を結ぶ「死因贈与」という制度があります。財産を贈る人が亡くなった場合、その財産が移転する契約、つまり「私が死んだら、あなたにこの財産をあげます」という契約を交わすものです。

では、遺贈と死因贈与の違いは何でしょうか。繰り返しになりますが、遺贈は遺言を作った人の単独行為です。一方、死因贈与は贈る人ともらう人の双方が明確な意思と合意を示す契約行為です。つまり、死因贈与は「財産を贈る」ということをもらう人にはっきり伝え、合意を得ている点が法的には異なります。

税務上は、死因贈与は贈与ではありますが、贈る人が亡くなることを条件とする契約であるため、遺贈同様、贈与税はなく相続税の申告対象です。相続税申告でも、相続人と財産をもらう人が名を連ねるのも遺贈と同じです。

ただし、遺贈とは異なる注意点があります。死因贈与の財産が不動産の場合、それをもらった人が名義変更すると、登記上、移転原因が「贈与」と表示されてしまうことです。すると、税務当局から「贈与税の申告をしたかどうか」という問い合わせを受けることになります。「死因贈与だ」と説明をすれば、税務当局は相続税申告にその財産が反映されているかを必ず確認します。その結果、相続税申告もなく課税漏れだったと判明するケースが出てくるのです。

この場合、当然、相続税の納税が必要です。そうなると相続人の相続税額も変更しなければならないため、新たなトラブルの火種になるでしょう。

財産があり相続人がいないケースでは、死因贈与は確実に財産を引き継がせたい人に引き継げるメリットがあります。けれども相続人がいる場合は自分の死後に相続人の間で争う争族の火種になる可能性があるので、活用する場合には十分注意しましょう。

事例から学ぶ相続——05

あげて節税、もらって笑顔。「贈与」は相続対策の王道

使い勝手のよい「暦年贈与」

相続税対策の王道は、何といっても生前贈与です。財産を直接減らすことができるうえ、もらった人には喜んでもらえます。まさに一石二鳥の手法です。

贈与は1年間の贈与額が基礎控除額の110万円以下なら贈与税がかかりません。これを「暦年贈与」といいます。仮に相続税率30％の場合、相続財産110万円分の税額は33万円になるため、それだけ節税できることに。贈与される人（受贈者）が多ければ多いほど効果は大きくなります。

子や孫に住宅資金や教育費、結婚・子育て資金を贈る場合は、一定金額まで非課税にできる特例があります。これを利用して、老後生活に必要な資金以外は子や孫の必要に合わせて贈与している親や祖父母も多いものです。

贈与する財産は株式でもよい

会社経営者のNさん（68）は、会社の株式を後継者となる長男家族4人に毎年贈与しています。会社の業績が良く株価が高いことから、他の資産を合わせたNさんの財産はかなりの額にのぼります。相続税率は50％に達する見通しです。

そこで1人あたり約500万円分の株式を毎年贈与し、1人あたり約50万円の贈与税を納めてもらっています。贈与税の実効税率は10％なので、相続税40％の節税ができます。これを続けることで、毎年相続税800万円が減っていくことになるのです。「塵も積もれば」の効果はかなりのものになるでしょう。

会社への貸付債権を贈与

会社経営者のYさん（70）は、会社に対する貸付債権を妻と子3人と孫4人の計8人に毎年贈与しています。

会社の資金繰りのため、Yさんから会社に対する貸付金はかなり膨らんでいます。けれども、この時期をなんとか乗り切れば経営は必ず改善できるとYさんはみています。また、会社が所有する不動産は資産価値も高く、それを売却すれば貸付金の返済は十分可能です。

ただし、会社への貸付債権はYさんの財産であるため、Yさんに万一のことがあれば、残された家族に相続税負担がおきます。そこで、貸付債権から毎年1人100万円を家族8人に贈与し、すでに5年で4000万円分と、貸付債権の半分近くについて名義を変えることができました。暦年贈与に収まっているので贈与税はかかりません。

会社の業績が回復すれば、そのとき家族に現金で返済できます。「誰にいくら贈与したかは会社の帳簿で管理でき、現金化するタイミングもコントロールできる。子どもたちのためにもなる」とYさんは考えています。

妻にマンションをプレゼント

サラリーマンのTさん（65）は、10年前に親を亡くし、実家の土地・建物を相続しました。その土地を不動産業者に提供し、業者が建てたマンションの15部屋を等価交換で取得。1部屋は自宅とし、残りは賃貸に出しています。各部屋の賃料は月13万～

15万円。引退後は不動産収入と年金でゆとりある老後生活を思い描いています。

結婚して25年、Tさん夫婦に子どもはいません。Tさんは妻へこれまでの感謝を込め、自宅マンションの持ち分の2分の1を贈与することにしました。Tさんは婚姻期間が20年以上の夫婦の間で居住用不動産を贈与する場合、2000万円までは非課税となる「贈与税の配偶者控除」を活用します。

専門家に相談すると、新たなアドバイスがありました。賃貸に出しているマンションの2室も妻に贈与するプランです。そうすれば妻に毎年約300万円の不動産収入が入り、毎年現金を贈与するのと同じ効果を得ることができ、所得税や相続税の節税にもなるといいます。年内に1室、年明けに1室と贈与する年を分ければ、1度に2室贈与するより基礎控除の分、贈与税の負担が安く済みます。

Tさんはアドバイス通り、妻に2室を贈与しました。妻は毎年確定申告が必要になって手間も増えましたが、「自由に使えるお金ができた」と大喜びです。これまで必要な出費でもTさんに相談したり、生活費からのやりくりで、肩身の狭い思いがあったようです。「甥や姪のためにもお金を使える」と嬉しそうです。

税理士よりプラスオン・アドバイス

贈与の節税効果は大きいのはもちろん、それに勝るのはもらった人が喜んでくれること。生きているうちに家族の笑顔を見ることができます。これは自分が亡くなった後に家族が財産を分ける相続との大きな違いでしょう。

「全財産を贈る」との遺書に従った長男に、姉妹から届いた手紙

父の遺言に従った長男

遺言で財産の受け取りを指定する場合、さまざまなケースがあります。長年寄り添った妻や面倒を見てくれた特定の子どもに全財産を相続させる、相続人ではない人に遺贈する、公益法人に寄付する、など。遺言によって争族になることもあるので、家族が争うことがないような遺言を心がけてください。

2020年10月、Aさんが亡くなりました。Aさんは生前「長男に全財産を相続させる」という内容の公正証書遺言を作成していました。

Aさんの主な財産は自宅の土地・建物で、あとは多少の預金がありました。相続人は長女、長男、次女の3人です。長男家族はAさんと長年同居しており、長女と次女はすでに嫁いで、生活に困らないほどの十分な資産を持つ家庭を築いています。

Aさんは面倒を見てくれた長男家族への感謝の気持ちとして全財産を託し、長女や

次女については長男から後でフォローしてほしい、というつもりだったようです。長男はその遺志をくみ、遺言通り、土地・建物については相続による所有権移転の登記を行い、預金については銀行で名義変更手続きを済ませました。

クリスマスに姉妹から届いた手紙

長男宛てに、長女と次女の連名で、「遺留分の減殺請求について」との表題の手紙が郵送されてきたのは、年の瀬も押し迫った12月25日、クリスマスの日でした。

遺留分とは相続人に法律で最低限保証された相続分のことです。減殺請求とは遺留分を侵害された相続人が、侵害された額を請求することをいいます。相続人が子3人の場合、遺留分は6分の1。長女と次女はそれぞれ、この6分の1を「自分たちの取り分」として求めてきたのです。

しかし、長男がこの遺留分を姉妹に支払うには、自宅の土地・建物を売って資金を工面するしかありません。対応するのは難しく、たとえできるとしても時間がかかります。

さらに、早々に決めなければならない問題として相続税の申告があります。申告期限は相続開始から10カ月なので、遺留分について対応する前にその期限が来てしまいます。この場合、長男は自分が全財産を取得したとして単独で申告書を作成するべきでしょうか。それとも、相続分は長男3分の2、長女と次女がそれぞれ6分の1とする申告書を作成すべきでしょうか。

遺言より遺留分の規定が優先する

結論からいえば、「長男に全財産を相続させる」という遺言があったとしても、遺留分の規定に違反することはできません。遺留分への対応が先になるとしても、相続分は長男3分の2、長女と次女それぞれ6分の1とする申告書を作成することになります。

仮に、長男が全財産を取得したとして申告した後に、遺留分の減殺請求が行われた場合は、申告は相続税法の規定に従っていなかったか、計算に誤りがあったとみなされます。この場合、いったん提出した申告の内容を申告期限が過ぎてから訂正する「更正の請求」の手続きを行うことになります。

長男は姉と妹に相談なしに相続手続きを進めたことにより、余計な手間や争族の火種を作ってしまったことを反省しました。

税理士よりプラスオン・アドバイス

２０１８年７月に成立した民法改正で、自筆証書遺言の方式が緩和されました。パソコンで作成した目録の添付が認められるなど作成のハードルが下がり、遺言を作成する人が増えることが予想されます。ただし、遺言の作成には家族のコミュニケーションを密にし、争族の芽を摘むことが重要です。

ペットが実質相続人に？ 85歳Y子さんの遺言

自分の代わりに愛犬の面倒をみてほしい

愛犬家の男性Sさん（75）は女性のY子さん（85）と犬を通じて友達になりました。2人が日課にしている愛犬の散歩は、朝夕同じような時間、同じようなコースを巡っており、休憩するのも同じ公園のベンチです。そんなわけで自然と挨拶するようになりました。

Y子さんの愛犬コロちゃんが体調を崩したとき、Sさんが友達の獣医を紹介したことがあります。コロちゃんの具合がすぐによくなったことがきっかけで、Y子さんからいろいろな相談もされるようになりました。今では愛犬の話から世間話まで、毎日おしゃべりをする友達です。

ある時、しばらくY子さんの姿が見えませんでした。Sさんは「どうしたのだろう」と気がかりでしたが、数日後、いつものベンチでコロちゃんと一緒にいるY子さんを見かけ、一安心。体調が悪く外出していなかったそうです。

するとY子さんは「私には子どもがいません。私が死んだら財産をすべてあなたにあげます。もらっていただけますか」と意外な話を持ち出してきて、Sさんはびっくりしました。

Y子さんは持病があるうえ高齢であり、万一自分が亡くなった後はコロちゃんのことが気がかりです。そこで、自分の代わりにSさんにコロちゃんの面倒を見てほしいというのです。すでに遺言は作成したとのことでした。

他人の自分よりも親族の方に見てもらったらどうかと、Sさんは話しました。けれどもY子さんには妹は2人いるもののペットに関心がなく、きちんと面倒を見てくれるかどうか不安だといいます。その点、犬好きのSさんなら適任だと考えたそうです。

ペットを託す遺言の種類は？

「でも、それでは私が妹さんから恨まれてしまいます」と、Sさんはやんわり断ろうとしました。けれどもY子さんは財産といっても自宅の土地・建物と預貯金が少しでたいしたものではないし、亡夫が遺したものなので妹から何かいわれる筋合いはないといいます。「コロちゃんは夫が生前すごく可愛がっていた犬です。Sさんに面倒を見てもらえたら夫も喜ぶはずです」と話しました。

Sさんはそこまで信用してもらっていることに恐縮しながらも不安は尽きません。Y子さんの妹から何か法的問題を問われることはないのでしょうか。

そこで、相続に詳しい知人に相談してみると、「遺言は自筆証書遺言なのか、それとも公正証書遺言なのか、それによって妹の対応も違うと思うよ」とアドバイスをくれました。自筆証書遺言は遺言の内容、日付、名前などを自筆で書き、捺印して作成する遺言です。その場合は「Sさんが無理に書かせたのではないか」と疑われる可能性があります。しかし公証役場で公証人が作成する公正証書遺言なら、公証人のほか立会人が2人おり、Y子さんの意思で遺言が書かれたことははっきりするため、Sさんが疑われることはまったくありません。

また、相続人には相続財産のうち最低限度受け取れる割合が法律で保障されており、それを「遺留分」といいます。ただし、遺留分があるのは相続人のなかでも配偶者や子などに限られ兄弟姉妹にはありません。つまり妹から遺留分を請求される心配もなく、Y子さんの財産を受け取ることができます。

遺贈は「悩むことではない」

知人は「そんなに悩むことではないよ」とアドバイスしてくれました。最近は子どものいない夫婦2人きりの家庭も多く、一人になった遺族が財産をユニセフなどに寄付することも多くなっているといいます。

Sさんは納得して、Y子さんの気持ちを素直に受け入れることにしました。飼い主の死後、愛犬だけが残されたという話を聞くことも多くなりましたが、犬は財産を相続できません。けれども自分がY子さんの財産を相続するということは、ある意味、コロちゃんが相続人になるということなのだと、Sさんは思っています。

税理士よりプラスオン・アドバイス

相続人でない人へ財産を残す代わりにペットのお世話をお願いすることを「負担付遺贈」といいます。ただし、自分の死後、本当に財産をペットのために使ってもらえるかはわかりません。高額財産を渡すと相続トラブルにもなりかねないので、自分もペットも遺贈者も幸せになれる形を探りましょう。

次世代のための権利調整

共有名義の不動産を見ると、両親のどちらかが亡くなり、配偶者と子どもが相続人になる「一次相続」の場合がほとんどです。共有名義は後にトラブルの要因になるため、仲良し家族でも安易な共有名義は避けましょう。

共有名義の不動産は次世代のために、一刻も早い権利調整を！

思い通りに活用できない共有名義

仲良し家族であるほど親の死という不幸を「家族みんなで乗り切ろう」という気持ちから、配偶者を中心に相続人全員で相続財産である不動産を共有名義にする家族がいます。

家族で生活を共にしているため気持ちのまとまりがあるともいえますが、時が過ぎ子どもたちも自分の家庭が大事になってくると、共有状態を解消して不動産を自由に使えるようにしたい、と考えるようになってきます。

単独所有の不動産なら自分の思い通りに有効活用できます。売却することも、建物を建築することも、賃貸することも自由です。しかし、共有者がいればそうはいかず、共有者全員が共同で意思決定することになります。

こうした不便が明らかになってくるため、共有を解消したいと思うようになるでしょう。共有を解消することを「権利調整」といい、共有者が高齢になると相続対策としても重要になってきます。共有のままで次の世代に問題を先送りしてしまえば、さらに物事が複雑になるのは目に見えているからです。

広い敷地なら分割して単独所有も視野に

権利調整にはいくつかの方法があります。

一番単純な方法は、売却して現金で分けることです。第三者に不動産を一括して売却できれば簡単でしょう。ただし、共有者の誰かがその不動産を住まいとして使っているなら、代わりの住まいを確保することから計画しなければなりません。

住まいとして使っている人が他の共有者の持ち分を買い取るケースもありますが、こちらはやや手間がかかります。買い取り価格をどう決めるかが問題になりやすいからです。第三者に売る場合のように、近隣の売買事例から価格を決めるのか、相続税評価額を時価と考えるのか……。金銭のやり取りなしに贈与するという方法もあります。

不動産の敷地面積が大きければ、共有持分（所有権の割合）の分割をすることもできます。敷地面積100坪（約333平方メートル）を共有者2人がそれぞれ2分の1ずつ共有にしているのなら、50坪ずつに分割しそれぞれの単独所有にする方法です。ただし、土地の形状によっては分割自体が難しかったり、分割した土地のどちらを取るかが問題になったりすることがあります。交差する二つの道路に接する角地《かどち》は開放感があって好まれますが、一方で道路に接するまでが細い通路になっていて、その奥に敷地がある「旗竿地《はたざおち》」はあまり人気がありません。一般的には、相続税評価額が等しくなるように面積を調整することが多いです。

マンションを建てて分ける「等価交換」も

マンションに適した立地なら「等価交換」を考えてもよいでしょう。共有地の上にマンションを建築して、分譲マンションの敷地権付区分所有権のように、部屋ごとにそれぞれの完全所有権として分けるのです。

共有者が自分で建築費を捻出してマンションを建てるだけでなく、「立体買い換え」という方法もあります。不動産会社が敷地を買い取ってマンションを建築し、買い取り金額に相当する分のマンションの部屋を共有者に現物で引き渡すやり方です。税制上の一定の要件はありますが、敷地を売却した譲渡税はかからないという特例があるのがメリットです。分譲マンションを買ったのと同じように、区分所有権となるため、マンションの部屋を自分の住まいとしたり、賃貸に出したりと自由になります。

マンションという形になれば売却もできます。ただし、所有期間が5年以下の「短期譲渡」になると、所得税・住民税が約39％課されるなど税負担が重くなるので、当初から資金が必要であるのなら、不動産の交換ではなくその分を金銭でやりとりする「交換差金」も考えられます。

共有になっている不動産が複数あるのなら、それぞれの土地の持分を交換して権利調整することもできます。

権利調整には時間や手間がかかりやすいため、先送りにしてしまう場合も多く見受けられます。トラブルを防ぐためにも最初から共有状態を避けるようにしたいものです。

事例から学ぶ相続―08

父が残した不動産と会社。「均等相続」した3兄弟の難問

3兄弟の共有状態を解消したい

ある兄弟3人の父親は20年前に亡くなりました。その際、父親の所有していた会社や不動産などすべての財産について、兄弟3人が3分の1ずつ相続しました。

3人が相続した主な財産は、①賃貸ビルを所有するA社の株式を3分の1ずつ、②賃貸マンションを所有するB社の株式を3分の1ずつ。ただし、その賃貸マンションの底地は3人の共有、③3人共有の賃貸マンション、という内容です。法人や個人の権利関係はとても複雑なものでした。

歳月を経て3兄弟とも還暦を過ぎ、自分たちの相続対策が気になってきました。そこで、3人で話し合い「この先、子どもたちが困らないよう共有状態を解消しよう」と意見が一致しました。

ただし、問題はそのやり方です。三男は「すべて売却して現金化し、3人平等で分

ければいい」と単純に考えていましたが、長男と次男にはそうはいかない事情があります。長男はB社所有の賃貸マンションに「社宅扱い」で暮らしており、次男は3人共有のマンションに住んでいたからです。別に居を構えているのは三男だけでした。

長男と次男の資金をどう捻出するか

何度も話し合いの場がもたれました。長男はB社の株式を他の2人から買い取って100%自分の所有としたうえで、マンション底地の共有部分も買い取り、土地・建物を単独所有にしたい、と希望しました。

次男は、3人共有のマンションを単独所有にするため、他の2人の共有持分をすべて買い取りたい、といいました。

三男は、長男や次男が自分の持ち分を買い取ってくれるのなら異論はない、と述べました。

そこで、長男と次男の買取資金をどうやって捻出するかが問題になりました。長男は次男と三男からB社の株式と不動産の持ち分部分を買い取り、次男は長男と三男から不動産の持分を買い取ることになります。つまり、長男と次男の売買は、ほぼ

「行ってこい」の状態です。しかし、三男の持ち分の買い取りと、売却に伴う譲渡税については資金の持ち出しになります。その額は長男と次男とも2億円と見込まれました。

長男と次男があてにできるのはA社の資産です。そこで、A社を清算すればどれくらいになるのか計算してみました。

会社清算では、まずA社が所有する賃貸ビルなど資産すべてを売却し、その譲渡益から法人税や役員・従業員の退職金を支払い、すべての債務を弁済して残余財産を算出することになります。

賃貸ビルは時価10億円、法人税や退職金は計2億円と計算されるため、残余財産は約8億円。これをA社の株式を持つ3兄弟で分配することになります。税額控除を考慮しても所得税は約50％となり、3人の手元に残るのは1人あたり約1億3300万円という計算になりました。

8億円の会社を「7億円で買います」

残念ながら長男と次男が必要としている2億円には7000万円弱足りないとい

う結果になりました。

3人が悩んでいると、「A社を買い取りたいという会社がある」というM&A（企業の合併や買収）の話が舞い込んできました。残余財産8億円のA社株式を7億円で買い取りたいというのです。そうなると、株式の譲渡税率は20%であるため、売却益7億円の税引き後は5億6000万円。兄弟3人の手元に残るのは1人あたり約1億8700万円となります。2億円にはまだ1300万円ほど届きませんが、長男と次男は「それぐらいならなんとかなりそうだ」と、このM&Aの提案に乗ることにしました。

税理士よりプラスオン・アドバイス

共有名義では後に問題となることが考えられるため、相続時には単独所有にするのが基本です。しかし、相続人の話し合いがまとまらなければ、共有になるケースも出てくるでしょう。このため、生前の対策として相続人それぞれにできるだけ平等になるよう財産の相続について決めておくのが望ましいです。ただし、相続人の争いにならないよう、その理由もきちんと説明しておくことが大切です。

長男と家屋を共有。「マイホーム売却の特例」の節税効果

父の敷地に建つ長男名義の家

自分が所有して住んでいる家屋とその敷地、つまりマイホーム（居住用財産）を売って利益があった場合、譲渡所得に対する税を軽減する二段構えの特例があります。まず、譲渡所得から3000万円を差し引くことができる特別控除があり、さらに、居住用財産の所有期間が10年を超える場合は、譲渡所得6000万円までについて税率を軽減する特例です。

居住用財産を売る予定がある場合、こうした特例の適用を受ければ節税効果は大きくなります。今回は、これをうまく活用したケースを紹介します。

Aさんが所有する土地には長男名義の家屋が建っており、Aさんは現在そこに住んでいます。長男は6年前まで同居していましたが、勤務上の都合で転居しました。Aさんと長男は生計も別々で、Aさんと長男の間には地代や家賃のやりとりはありませ

ん。

Aさんと長男はこの敷地と家屋を一括して売却したいと考えています。そこで、ネックとなったのは居住用財産の譲渡所得の特例の要件です。特例は自分が住んでいる家屋を売るか、家屋と共に敷地を売った場合に受けられるもので、家屋と敷地の所有者が異なるときは生計が同一であることなどに限られます。つまり、今のままではAさんは自分の敷地についてこの特例の適用を受けることができません。

そこで、Aさんは長男から家屋の持ち分10分の1（固定資産税評価額で62万円相当額）の贈与を受け、家屋を「Aさん10分の1・長男10分の9」の共有持ち分としたうえで、家屋と敷地を一括して売却することにしました。こうすればAさんが家屋の所有者という要件を満たすことになると考えたわけです。

果たしてこれで、Aさんは敷地についても居住用財産の譲渡所得の特例を受けることはできるのでしょうか。

理論と実務で解釈に差

実は、このケースで特例が適用できるかどうかには二つの考え方があります。

①Aさんの家屋の持ち分は10分の1だから、敷地についても10分の1だけが「Aさんの居住用財産」として特例対象となる、という考え方。

②敷地についてはその全部がAさんの居住用として使われているため、その全部が「Aさんの居住用財産」として特例対象となる、という考え方。

これは理論と実務で解釈に差があります。理論的には、①説が正しいとされます。特例の対象となる「家屋」「敷地」はそれぞれ「所有者の居住用に使われている家屋」「特例対象となる家屋の敷地」であるから、共有建物の敷地は「家屋の持ち分に相当する部分」だけに限られると解釈するものです。

しかし、実務上は②の考え方を認めています。共有の家屋や敷地については、その人の「居住専用割合」と「共有持分割合」のいずれか低いほうが、居住用財産の割合にあたるものとして取り扱われているからです。

Aさんのケースで、敷地についてみるとAさんの「居住専用割合」は100%、「共有持分割合」も100%なので、敷地の全部が「Aさんの居住用財産」にあたるということになります。

税務当局とのトラブルを避けるために

つまり、Aさんは敷地について特例の適用を受けることができます。ただし、注意点として、Aさんは建物の持ち分贈与を受けた直後に売却したいと考えているので、このこと自体は特例の適用を否認される理由にはなりません。しかし、税務当局とのトラブルを回避するためには、長男からAさんへの建物の持ち分の贈与があったという事実関係を明確にしたうえで、その後に譲渡したということをはっきりさせる必要があるでしょう。

税理士よりプラスオン・アドバイス

権利調整のため贈与を計画的に活用することは所得税や相続税の対策となり、老後の生活にゆとりをもたらすことにつながります。権利調整は一刻も早く行いましょう。

岐路に立つ不動産投資

今も昔も相続対策の王道は不動産投資です。
金融資産はその額がそのまま相続税評価額となりますが、
その資金で不動産を買えば評価額を大きく下げることが
できるからです。しかし、この「評価ギャップ」による
節税対策を活用してきた人たちは今、
「不動産を売却し、現金化するべきか」大いに悩んでいます。

広大な駐車場は「売却が得」

不動産を活用した相続対策でも、広い敷地で駐車場経営をしてきた富裕層は、こ

ぞって土地を売却して現金化する道を選んでいます。

この現象は税制改正の影響でしょう。マンション敷地には向かない立地にある500平方メートル以上（三大都市圏の場合）の広い土地には、開発が難しいことから最大65％まで評価額を減らすことができる「広大地の評価減」規定がありました。土地の規模が大きいほど節税メリットが大きく、富裕層の間では広大な土地を買い、駐車場として活用する節税策がありました。

しかし、税制改正で2018年から「地積規模の大きな宅地の評価」規定に見直され、状況は一変。新規定では土地の立地に応じて細かく評価されることになったうえに評価額の減額割合も少なくなり、節税策としてのメリットが薄れてしまいました。

また、若者や高齢者の車離れで駐車場ニーズが減っており、維持管理費用の捻出も厳しくなってきたという事情もあり、「不動産市況が良いこの時期に売却したほうが得だ」という動きがあります。

問題は駐車場を売って得た資金をどうするか、です。第一候補は都心部のマンション投資。しかし、2021年現在は価格の高止まりが目立ち、様子見の人が多いです。「気に入ったものが出てきたら購入しよう」と待機している状態です。

「いよいよ不動産価格の下落か？」の不安

それでは、すでに都心部に相続対策として投資マンションを所有している富裕層はどうしているのでしょうか。

マンション価格の高止まりを見て「今、売却すれば高く売れる」とタイミングを見計らう動きがあります。購入時からの賃料収入や値上がり益を考えれば不動産投資としては大成功です。

今この時期に売却を検討しているのは、かつてバブルとその崩壊を経験したことが大きいでしょう。いつまでも不動産価格が高値を維持するとは思っていません。「東京五輪が終われば、いよいよ下落するのではないか」という不安があります。

加えて、中長期的にマンション市況を疑問視する向きもあります。人口が減少するなか、「新築マンションの供給水準は過剰ではないか」と需給ギャップを気にしたり、高齢化が進むなか、マンションの維持管理費用が上昇すれば「年金生活世帯でそれをまかなえるのか」と心配したりする人は多いです。

足元で大規模修繕工事の積立金の滞納が増えていることも不安材料となっています。デベロッパーはマンション分譲時に積立金の金額を低く抑えることが多く、こうしたマンションはその後、積立金額を上げざるを得なくなりますが、管理組合で意見調整がつかなければ滞納に結びつきやすいものです。積立金が不足すれば大規模修繕工事ができずマンションの資産価値は下がってしまうリスクは拭えません。

問題は売却後の資金を何に使うか

相続対策として、不動産投資、なかでもマンション投資が王道であることは間違いありません。評価ギャップによる節税対策はもとより、いざとなれば「売却しやすい」という納税資金対策や、複数戸を所有すれば相続人の間で分けやすい分割対策にもなります。将来、子どもや孫たちが住居として利用しても良いし、賃貸に出せば賃料収入が生活の足しにもなります。

こうしたメリットは承知のうえですが、マンション価格が下落し、維持管理コストが増えれば所有すること自体が債務になりかねません。

しかし、富裕層の悩みの種は、今は売り時とわかっていても売却した後の資金運用をどうすればよいかが思いつかないことです。相続対策を考えるのなら、資金の使い道は生前贈与、保険商品や不動産の購入などが選択肢となります。しかし、それなら、今、所有しているマンションの立地はよく、投資利回りも悪くはない。評価ギャップのメリットも十分であり、譲渡税を払ってまで売却する必要があるのか……と、結局は振り出しに戻ってしまうのです。

「売却して現金化するべきか」。それは、富裕層ならではの贅沢な悩みでしょう。しかし、遺される家族のため、大きな悩みを抱えたまま相続を迎えないことを祈るばかりです。

事例から学ぶ相続―10

新型コロナで「節税マンション」が買えない！ 82歳相続対策の焦り

新型コロナに感染すれば命が危うい

東京都在住のHさん（82）は、2019年に相続対策の一環として賃貸駐車場の土地を売却しました。以前は、自分に万一のことがあれば、遺された家族がこの駐車場を売り、相続税の納税資金に充てればいいと考えていましたが、駐車場の路線価が高くなり、それ自体の相続税負担が増したため計画を見直したのです。

新たな計画は駐車場を売却した資金で別にマンションを買うというものです。マンションは購入価格に比べ相続税評価が低くなるため、そのほうが節税になると考えました。

駐車場を売却した資金は今、手元にあります。売却タイミングは絶妙でしたが、うれしいことばかりではありません。思った以上の高値で売れたため、売却資金は譲渡税額を納めても駐車場の相続税評価額を上回ってしまいました。現時点では相続財産の額はむしろ増えています。

早くマンションを購入し、相続対策の計画を完成させなければなりません。そう考えている最中に新型コロナの感染拡大という思わぬ事態になってしまいました。

Hさんは焦りました。高齢の身であり、感染すれば命にかかわります。さらに悪いことに、今は相続対策としても最もリスクが高い状態にあります。

駐車場を保有したままであれば相続が起きても、家族は駐車場を売却すれば相続税の納税ができました。ところが、駐車場を売ったために財産総額が増え、相続税率のランクも上がってしまったのです。相続税額が増えるため手元の資金では税額に届かず、他の不動産を売らなければならないかもしれません。

新型コロナで不動産会社も一時休業に

実は、購入するマンションについては昨年からじっくり検討を重ねてきました。マンションが建つ街の雰囲気はどうか、マンションの部屋の間取りは使いやすいか、エントランスやエレベーター、廊下は行き来しやすいか……など、現地を訪れてはさまざまな視点から比較検討してきました。

気に入ったマンションはいくつかありました。ところが、いざ申し込みをすると、残念ながら一足遅れで売却済みになっていました。「なるほどよい物件は足が速い」と、Hさんは感心していたものです。

しかし、新型コロナの感染拡大でそんな余裕はなくなってきています。早くマンションを買って相続対策をしたいのです。

ところが状況は悪くなるばかり。物件を探してもらっている不動産会社の店舗は新型コロナの影響で一時休業となり、担当者はリモートワークになりました。電話対応は可能ですが、メールによるやり取りはパソコン操作ができないHさんにはお手上げ状態です。

じっと待つしかない

このコロナ禍では仕方ありません。今まで何事も自分主導で進めてきたHさんですが、今回ばかりは子どもに頼ることにしました。

驚いたことに、子どもの手にかかれば事はスムーズに進みました。メールに添付されたマンションの資料をプリントし、その内容もとてもわかりやすいものでした。これなら細かなことまで自宅で確認できます。Hさんは確かに便利で時代の流れを感じずにはいられませんでした。

しかし、Hさんはやはり自分の目でモノを見なければ気が済まないタイプです。実際に足を運んで確認しなければ契約はできません。

新型コロナの感染は避けたいけれど、外出はできない……。Hさんはジレンマを抱えつつ、「こうなったら健康管理を十分にしながら、じっと我慢して自宅でひたすら時が来るのを待つ」と腹を括りました。Hさんはそれが今できる唯一の相続対策だと考えています。

税理士よりプラスオン・アドバイス

不動産取引もインターネットを使えば格段にラクになります。現地に行かずとも動画で物件を見ることもできます。操作がおぼつかないのなら、子どもを頼りにしましょう。子どもとのコミュニケーションは相続にもよい影響を与えます。

事例から学ぶ相続——11

10億円借り入れて不動産投資。「過度な節税」との境界

亡くなる直前に14億円の不動産投資

相続税の財産を評価する場合、通常は、国税庁が定めた「財産評価基本通達」に基づいて評価します。これは不動産や株式などそれぞれの財産について細かく価額計算方法を定めたものです。しかし、国税当局がこの通達に基づく評価では「著しく不適当」と認める特別な事情があるときは、国税庁長官の指示を受けて評価します。これを定めた基本通達の「6項」は国税当局の「伝家の宝刀」と呼ばれています。

最近、国税当局が抜いた「伝家の宝刀」が、相続税の実務家の間で話題になりました。被相続人が相続前に多額の銀行借り入れをして不動産を購入したことを、国税当局が「過度な節税対策」とみなしたことを巡り争われた裁判で、東京地裁は2020年8月27日、国税庁長官の指示による評価を認め、相続人の主張を棄却したのです。

この事例を解説しましょう。被相続人Aさんは亡くなる3年前の90歳の時に、賃

貸用不動産Xを約8億3000万円で購入。さらに翌年に別の賃貸用不動産Yを約5億5000万円で購入しました。この購入資金として、銀行から計約10億円の借り入れをしました。

財産評価基本通達による評価では、不動産X、Yの相続税評価額は、それぞれ約2億円、約1億3000万円で計3億3000万円。これに対し、購入価額13億8000万円は約4倍。この倍率は乖離《かいり》率と呼ばれます。

Aさんはこの2件の不動産を購入していなければ、相続財産は6億円を超えていました。けれどもこの2件の不動産が加わり、銀行からの借入金を合わせると、負債が相続財産を上回ったため相続税はゼロになりました。また、2件の不動産のうち、不動産Yは相続開始から9カ月後に約5億1000万円で売却されています。

国税当局は、この申告に「待った」をかけました。6項に基づき鑑定評価額は不動産Xが約7億5000万円、Yが約5億2000万円による評価が適正としたのです。

東京地裁はこの国税当局の評価を認めました。相続税の実務家の間では「乖離率4倍」が6項を適用する判断基準となるのかどうか騒がれています。

不動産取引の「乖離率」とは何か

さて、この「乖離率4倍」についてはどう考えたらいいのでしょうか。それを考えるために、そもそも通常の不動産取引において乖離率とはどのようなものなのか確認してみましょう。

もともと、不動産の時価と相続税評価額との間には乖離があります。土地についてでは公示価格の80％が路線価評価の目安、建物については建築価額のおおむね70％の目安で評価されているからです。このため、相続税の節税対策として不動産取得をすることはよくあることでしょう。

賃貸用不動産であればさらに相続税評価額が下がります。所有している土地に建てた貸アパートなどを他に貸し付けた「貸家建付地」では20％前後の評価減、建物は貸家評価で固定資産税評価額の30％評価減となります。

また、事業用小規模宅地については200平方メートルまで50％評価減される特例があり、これが適用されれば、土地・建物合計で相続税評価額は購入価額の50％程度まで圧縮することができます。この時点で乖離率は約2倍です。

さらに、不動産が人気エリアや地価が上昇している地区にあるとなると、さらに時価との乖離は広がるでしょう。

一方で、不動産市場は常に変動しているため時価の変動と共に乖離率も変動し、公示価格の変動と共に路線価も変動します。つまり、購入時期と相続発生時期などのタイムラグは、相続対策をするにも相当のリスクを負うことになるのです。

「過度な節税対策」への戒め

このように考えると6項を適用したこの事例のポイントは、乖離率の大きさではなく相続税の節税を目的とした対策そのものに対する戒めと考えたほうがよさそうです。今回の事例では6項による国税庁長官の指示による評価は、その戒めのための手段という位置づけでしょう。どういう点が過度な相続対策と判断され、戒めの対象となったのか、東京地裁の判決から抜き出してみます。

①相続開始直前に多額の借入金による賃貸不動産投資を行った。
②銀行の貸出稟議書によると、相続対策目的であることは明らか。
③相続開始直後に購入不動産の売却が行われた。

④本来の相続財産を超える多額の借入金により、相続税額の負担をなくした。

⑤被相続人の年齢が高齢であり、短期間に相続対策を行うことで無理があった。

これらから、賃貸用不動産投資が相続税の節税目的以外のなにものでもないことが明らかであったことが原因ではないでしょうか。

税理士よりプラスオン・アドバイス

過度な節税は国税庁の「伝家の宝刀」と、東京地裁の「戒め」が待っています。家族のコミュニケーションが薄れている昨今、相続開始直前の過度な節税対策ではなく、元気なうちから家族が喜ぶ財産運用をすることで家族の輪を強めてほしいものです。

建物の老朽化が進む 賃貸経営

高度成長期の１９６０～７０年代、大都市圏では急速に開発が進み、商業ビルやマンションの建設ラッシュとなり、不動産の賃貸経営をする人が増えました。

約半世紀が過ぎた今、それらのビルやマンションは老朽化し、売却はもちろん、建て替えやリフォームが迫られています。

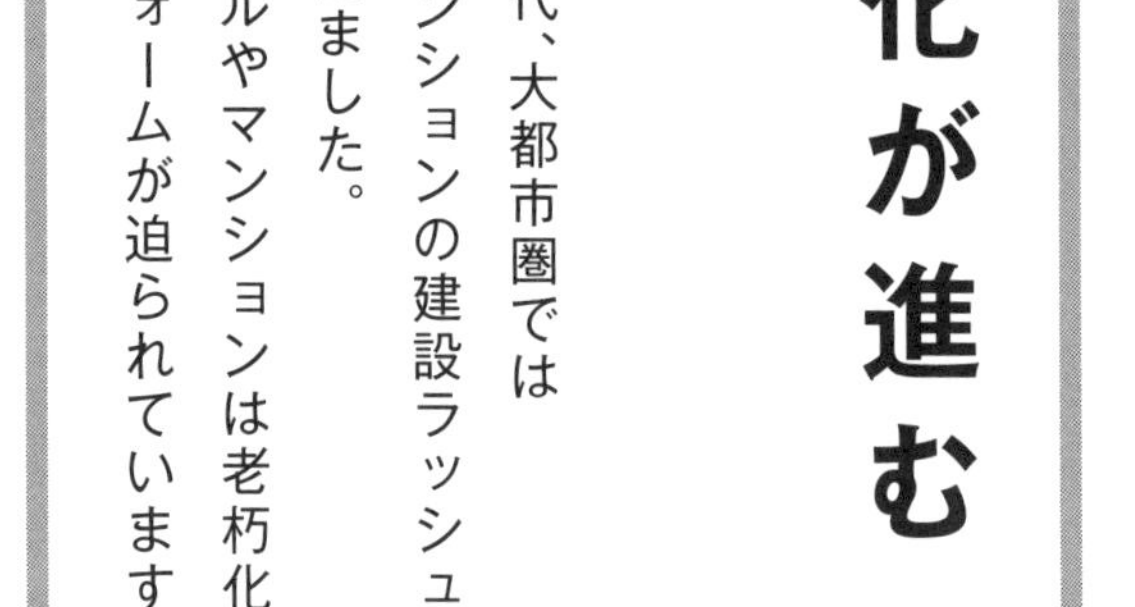

老朽化ビルのオーナー「売却の決断」

賃貸経営を続けて早ウン十年。ビルが老朽化してきたオーナーも多いと思います。資金力のあるオーナーなら建て替えることもできるでしょうが、そうでない場合は売却やリフォームのいずれかを選ぶことになります。しかし、リフォームとなると入居者やテナントの一時立ち退きに時間や費用がかかります。そのため、多くのオーナーは売却の方向で検討します。

これには相続や事業承継の事情も絡んでいることでしょう。老朽化した建物はオーナーも高齢になっており、オーナーに万一のことがあり、その子どもが相続や事業承継でビルやマンションを引き継げば、将来は建て替えの問題に直面します。親であるオーナーは、借入金を抱え、その返済リスクを背負うような苦労を子どもにはさせたくありません。そこで売却の決断をするのです。

しかし、老朽化した建物を売り、その売却資金を持ち続けていれば多額の相続税の対象となります。相続対策を考えるなら、その資金でまた別の不動産を買うことが節税になるので、このような「資産の組み換え」をする動きが進んでいます。

では、売却された建物はその後どうなるのでしょうか。実は、足元で、その動きに変化が見られます。

これまでは老朽化した建物を取り壊し、そこに新たなビルやマンションを建設し、売却や分譲をすることが当たり前でした。しかし、最近は、建物をリフォームして売却するケースが増えています。

禁じられた「海外中古不動産」節税策

これには2020年度税制改正で、海外の中古不動産を活用する節税対策が規制されたことが影響しているようです。

不動産所得で赤字があると、他の所得の黒字と差し引き計算する「損益通算」ができます。資産家の間ではこの仕組みを利用し、米国などで高額の中古不動産を買って損失を計上し、国内の所得の税額を低くする節税策が広がっていました。

建物には減価償却の対象期間である「法定耐用年数」が決まっており、これは建物の平均寿命ともいわれています。新築の鉄筋コンクリート造住宅は47年、木造住宅は22年。つまり税制上、木造建物は22年間で価値がゼロになります。

中古の建物を買った場合、耐用年数は「使用可能期間として見積もられた年数」となりますが、見積もりが難しい場合は法定耐用年数を超えた建物については「法定耐用年数×20%（端数は切捨て）」とみなすことができる簡便法があります。

海外中古不動産を活用する節税策はこれを利用していました。米国の住宅は日本と違い古くなっても資産価値が落ちません。つまり、米国では「高額で償却期間が短い建物」が手に入りやすい点に目を付けました。

例えば、米国で築30年の木造賃貸住宅を「土地４０００万円・建物６０００万円」の計1億円で買うとします。建物の耐用年数は4年（22年×20%＝４・４年）となり、毎年１５００万円の減価償却費を4年間、損失として計上できることに。所得税率が50%の人なら税額で年７５０万円の節税になります。

この節税法が横行したため、税制改正で歯止めがかかりました。２０２１年度からは海外の不動産投資で生じた赤字と、日本国内で生じた所得との損益通算はできなくなります。

リフォーム済み古民家も魅力

本題に戻ります。海外中古不動産を利用した節税策は使えなくなりましたが、国内で老朽化したビルやマンションが多く売りに出されているため、それを海外中古不動産に替わる「高額で償却期間が短い建物」として利用でき、そこに注目する動きがあります。

例えば、築50年のマンションなら耐用年数は9年（47年×20%＝9・4年）と償却期間は短いです。海外不動産の活用はダメでも、国内でも十分節税ができる状況が生まれているのです。

実は、これはビルやマンションだけではなく戸建て住宅でも同様です。リフォーム済の古民家などの中古資産が賃貸用物件として市場に売りに出ています。これらは築30年はとっくに超えていますから償却期間は4年となります。

２０１８年に施行された住宅宿泊事業法（民泊新法）がこれを後押ししています。海外から訪れる観光客には、日本らしさが残る古民家は「古き良き日本を堪能できる」と人気があります。現在は新型コロナの影響で海外からの外国人観光客はあてにできない状況ですが、いずれはウイルス活動も終息し、また、外国人が日本を訪れる日もやってくるでしょう。

民泊利用だけではありません。日本人にとってもリフォーム済みで使い勝手が良くなった古民家は十分魅力的です。ホテルや旅館など大勢に人が訪れる大規模宿泊施設と違い、新型コロナによるリスクも少ないでしょう。

リモートワークが広がり、どこでも仕事ができる環境になっていることもリフォーム済み古民家の追い風となっています。

亡父の遺した「老朽マンション」。大規模修繕で生かす道

旧耐震で「候補外」の老朽マンション

Hさん（45）は数年前に父を亡くし、相続で賃貸マンション3棟を受け継ぎました。3棟とも最寄り駅から徒歩5分程度の好立地にありますが、築40年以上と老朽化が進んでおり、早晩、建て替えか売却かを考えなければなりません。なかでも決断が差し迫っているのが、最も古い築50年になる4階建てマンションです。エレベーターがなく、高齢となった入居者は「階段の上り下りがつらい」といいます。

賃料は老朽化物件のため抑えなければなりません。近辺の新築マンションは1戸あたり月14万円前後の賃料が相場ですが、Hさんのマンションは8万円がやっとです。入居者が退去すると修繕工事に時間と費用がかかるのも悩みの種です。工事期間中は賃料収入が途絶えるうえ、新たな入居者が入ってもその賃料から工事費用を回収するのに半年以上かかります。工事費用は抑えたいのですが、必要最小限のリフォームを

しなければ新たな入居者が見込めないでしょう。空室を埋めるにはさらに賃料を下げるしかなくなります。

マンションの耐震基準が現行基準よりも揺れに弱い「旧耐震基準」であるのもネックです。最近の借り手は事前にインターネットで築年数や耐震基準で検索するため、最初から「候補外」になりやすいのです。

賃貸募集をしてくれる管理会社は揺れに強い新耐震基準にリフォームするよう注文してきます。しかし、そのためには建物の外側から耐震補強しなければなりません。工事費用がかかる割には見た目も悪くなり、評価がそれほど高くなるとも思えないのです。

「スケルトン解体」の新工法

マンションの老朽化はそろそろ限界にあるのは明らかです。Hさんは新たな入居者との賃貸借契約は定期借家契約とし、マンションを取り壊して建て替えるか、更地にして売却するか、あと5年のうちに結論を出そうと考えていました。

そのような状況のなか、老朽マンションでも新築に劣らないほどのリフォームができる大規模修繕工事の新手法があるという情報を耳にしました。

建物を支えている構造体以外をすべて撤去して、スケルトン（骨組み）状態に解体し、補修や耐震補強をしたうえで外観や内装を新しくするというものです。新築するよりも工事費用は安く済むといいます。

しかし、工事費用だけでなくその後の賃料収入の見通しも含めて総合的に検討しなければ、簡単には結論を出せません。Hさんは工事会社や不動産業者から見積りを取り、慎重に検討しました。

まず、新築した場合の工事費用は約6億円という試算でした。金額の振り分けは「建物70％・設備30％」の配分です。これに対し、大規模修繕の場合、工事費用は約4億円。こちらは「建物30％・設備70％」の割合となります。銀行融資を活用する場合の融資期間が気になりましたが、銀行によると「大規模修繕でも30年の長期融資が可能」ということでした。

新築とそん色ない賃料がとれる

気になる家賃収入の見込みはどうでしょうか。新築では1戸あたり賃料約14万円ですが、大規模修繕では約13万円の見込みとなりました。1割弱ほど安くなるのは築年数が古いことや、補強のために天井高が少し低くなるからだそう。それにしても現状の賃料約8万円に比べ、5万円弱のアップは魅力です。計15戸で賃料は年2340万円になります。

検討の末、Hさんは大規模修繕に踏み切りました。工期についても新築は2年程度かかりますが、大規模修繕の場合は1年以内で済みます。その分、家賃収入を逃がす期間が少なくなることもに大きなメリットを感じました。

税理士よりプラスオン・アドバイス

Hさんの例を具体的に計算しますと、設備の減価償却期間は約15年、設備への投資金額は2億8000万円なので、償却期間内に全額回収できることに。しかも、融資期間が30年であることを考えると資金収支も余裕ができます。余裕ができた分、他のマンション2棟についても建て替えやリフォームなどの検討が十分できるでしょう。

長男と2人で賃貸経営。「土地を残す」最良の方法

長男が発揮した経営手腕

都心から電車で30分の東京近郊で不動産賃貸業を営むFさん（82）。そろそろ遺言を作っておいたほうがいいのかなと考え始めています。

元々家業は農家でしたが、最寄り駅から徒歩10分という立地に恵まれており、40年ほど前、未利用農地を宅地に転用してアパートや戸建ての貸家を建てました。当時は親の目もあって賃貸経営は農業の片手間でやっていましたが、20年ほど前に親が亡くなり相続で土地を引き継ぐと、本格的に不動産業に転業しました。

うまく転業し、その後も事業を拡大できたのは不動産関係の仕事をしていた長男Tさんの力が大きかったです。Tさんは勤務していた会社を辞め、不動産管理会社を設立するとアパートや貸家をその法人所有としました。さらに、銀行との融資交渉を進め、物件のデザインや設計については専門家と細かく調整するなど経営手腕を発揮。

親子でいろいろ議論しながら「二人三脚」で賃貸経営に取り組んだ20年となりました。

その間、街の様子はすっかり変化しました。以前は、駅周辺にも田畑が残り、小さな商店街周辺に木造アパートが数棟あるだけでしたが、今やマンションが多く立ち並ぶようになり、住宅エリアとしても人気を集めています。

駅から10分ほど離れたこのあたりは住宅地であるため、マンションを建てることはできませんが、Tさんは「特色を持った街づくりをすれば、安定した借り手が現れるはずだ」と主張し、アパートや貸家をヨーロッパ調のおしゃれなデザインに統一しました。建築コストは多少増えましたが、賃貸経営はTさんの読み通り空室知らずです。

Fさんの目下の悩みは、相続をどのようにするかです。相続財産のほとんどは賃貸業の土地で、Fさん名義になっています。アパートや貸家は管理会社の法人所有で、会社の株式はTさんが100％所有しています。

きょうだいから遺留分を請求されたらどうするか

Fさんの子どもはTさんのほかに次男と長女がいます。次男は大手企業に勤務しておりそれなりの地位にも就いていますが、長男とはあまり反りが合いません。今後も財産を維持管理していくためには、Tさんの力が必要です。Fさんは自分に万一のことがあれば、賃貸業の土地はすべてTさんに相続させたいと考えています。

仮に、土地が3人の子たちへ分散されてしまえば、賃貸経営は成り立たなくなってしまうでしょう。土地の売却を前提にするなら3人に平等で分けてもいいですが、財産を次世代に承継するのならTさんが相続するべきです。Tさんには息子2人がいるので、将来の後継者についても問題ないでしょう。

しかし、次男と長女はそれを納得するでしょうか。法定相続人には最低限の遺産取得分である「遺留分」があります。次男と長女が土地の時価で遺留分を請求してきたら、Tさんにはとてもその資金を捻出することはできません。

可能な限り先手を打って、兄弟で揉めない分け方にしなければなりません。悩んだあげく、Fさんが考えたのはアパートや貸家の土地をTさんが相続し、管理会社がその土地を購入することで長女や次男にTさんから資金が渡るようにするプランです。管理会社の収支面から、金融機関からの借入額を逆算するなど苦労を重ねて公正証書遺言を完成させました。

遺留分に抵触しないよう配慮をしたつもりですが、実際はどうなるのかFさんは心配です。兄弟で争う争族にならないよう、話し合いの場を作って、説明するつもりです。

税理士よりプラスオン・アドバイス

どんな資産家でも相続対策を何もしなければ「財産が3代でなくなる」のは本当です。先祖代々の土地を売ることなく次世代に承継したいなら、Fさんのようにプランを考え、実行することが大事です。

事例から学ぶ相続―14

バブル期の相続対策が裏目。「80歳女性」苦節の30年

賃料水準は当初の半分に

A子さん（80）は賃貸マンションを経営しています。バブル真っ盛りの1990年、銀行から「相続対策になる」と提案され、生前の夫と2人で豊かな老後を夢見て、その気になりました。多額の融資を受けマンションは完成しました。

当時示された収支計算書では、賃貸契約が2年で更新するごとに賃料は5％上昇していく計画でした。収益は順調に伸び、借入金の返済も問題なし……。すべてバラ色の老後へと進んでいくはずでした。

「所得税の節税対策になる」と勧められるままに不動産管理会社も設立。会社に管理業務を委託すれば「賃料収入の20％程度は管理手数料として経費計上できる」という提案でした。

当初1、2年は順調でした。しかし、不動産バブルがはじけると状況は一変。賃料

は値上げどころか、値下げ交渉が当たり前になりました。歯を食いしばって10年間はなんとか耐えましたが、賃料水準が当初の半分にまで落ち込んでしまうと、銀行への返済も滞るようになってしまいました。

管理会社は「赤字でも納税」しなければならない

借入金返済の延滞が続くと、銀行は「マンションの競売の申し立て手続きに入りたい」と通告してきました。そのたびに銀行と交渉し借入利率の引き下げ、さらには元本返済のみとして利息支払いのストップなどさまざまなお願いをしながらなんとか切り抜けてきました。返済資金が不足したときは、2人の子どもに融通してもらったこともあります。何のための賃貸経営なのか……、明るい老後どころではありません。

夫は10年ほど前に亡くなり、A子さんが資産と負債を引き継ぎました。かつて心配していたような相続税負担はなく、結果的に「相続対策」になったのは皮肉な話です。

当初の計画通りなら、借入金はそろそろ完済となるはずですが、実際には半分も残しています。

不動産管理会社のほうは、維持費用がかさみ赤字が続いています。赤字でも法人住民税の均等割7万円は納税しなければなりません。しかし、会社をどうすればいいのかわからず、提案してくれる人もないためそのままにしていました。

子どもに迷惑をかけたくない

こうして長い間、A子さんは逆風に耐えてきましたが、ようやく風向きが変わってきました。不動産市況が好転し、マンション立地が良いという点を評価してくれた不動産会社から「ぜひ、譲ってほしい」という話がありました。

A子さんは銀行からの借入金、2人の子どもからの借入金、自分の今後の生活資金、介護が必要になった場合の施設入居金などについて考えました。不動産会社には賃貸マンションを売却した場合の譲渡税など税負担についても確認し、持て余している不動産管理会社の清算についてもアドバイスをもらいました。一つ一つ確認しながら納得したうえで、A子さんはマンションを売却することを決めました。

その一番の理由は、2人の子どもに迷惑をかけたくないということです。子どもたちからの資金援助は数千万円に達しています。子どもたちは生活を犠牲にしてまで援助してくれたのです。

銀行からの借入金を整理し、子どもたちにもお金はしっかり返します。A子さんは「それまでは死ねない」という思いでずっと生きてきました。今それが叶うのなら何も悩むことはありません。

幸いなことに、自分の老後資金もなんとか確保できそうです。これでバブルの負の遺産からようやく解放されることに。A子さんはほっと胸をなで下ろしています。

税理士よりプラスオン・アドバイス

約30年前のバブル崩壊時の負の遺産を現在も引きずり、苦労が絶えない資産家は少なくありません。建物も日に日に老朽化していくでしょう。専門家に相談すればいくつか打つ手はあります。A子さんのように元気なうちに決断をし、早く楽になって、残りの人生を楽しく暮らしてほしいものです。

人選が肝心の事業承継

２０１９年版の中小企業白書によると、日本の全企業３５９万社のうち、中小企業は３５８万社と実に99・７％。従業員数でみれば、全企業４６７９万人のうち３２２０万人と約７割です。オーナー経営者の高齢化が進み、世代交代が叫ばれています。折しも新型コロナの影響で、中小企業の事業承継の機運が高まってきました。

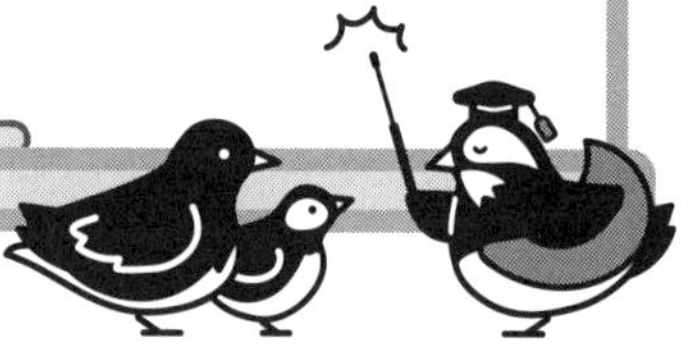

コロナ禍で本格化。中小企業の事業承継は待ったなし

新型コロナの猛威で、 中小企業のオーナー経営者の間では会社を後継者に引き継ぐ

事業承継対策が本格的に動き始めています。高齢者は感染すれば重篤化するリスクがあり、自分に万一のことがあれば、会社の存続が危ういという思いから、対策に本腰を入れ始めました。

日本経済のなかで中小企業の存在感は大きく、99・7%が中小企業で、日本の全従業員数の約7割を占めます。中小企業は雇用の担い手として従業員家族の生活を支え、さまざまな技術や技能を継承していくという重要な役割を担っています。

その中小企業ではオーナー経営者の高齢化が深刻です。経営者の年齢分布をみると、1995年にはピークは47歳でしたが、2018年には70歳になりました。多くの中小企業で世代交代が進んでいない様子がうかがえます。

適材な後継者が見つけにくいという事情もありますが、家族や親族に候補者がいても、生前贈与の税負担が重くなかなか踏み切れないという課題も大きいです。

中小企業のオーナー経営者が亡くなると、相続財産である株式の株価を算定することになります。通常、財務状況の良い優良企業ほど株価は高く評価されますが、その結果、後継者に多額の相続税がのしかかれば、納税のために株式を処分せざるをえず、会社の経営が成り立たなくなることもありえます。それはあまりにも大きな損失です。

「納税ゼロ」で継承できるようになった

経営者の年齢を考えれば、今後10年以内で多くの中小企業が事業承継をどうするか決断を迫られるのは目に見えています。

もはや、まったなしの状況のなか、国も円滑な事業承継を促すため、制度整備に乗り出しています。

ポイントは二つ。一つは、2018年度の税制改正で10年間限定の特例として、相続税・贈与税の納税猶予制度を設けました。それまでも、中小企業の後継者が株式を相続や贈与で引き継いだときは、一定要件を満たせば相続税・贈与税の納税を猶予する制度はありました。しかし、対象は発行済株式の3分の2までで、税額の猶予割合も80%という制限があり、結果として最大で53%しか猶予されませんでした。制度は使い勝手が悪くあまり活用されてこなかったのです。

2018年改正はこうした点を見直しました。猶予対象は発行済株式のすべて、税額の猶予割合も１００％に引き上げ、事実上、税の支払いゼロで株式の継承が可能になったのです。

「争族」の火種となる遺留分

もう一つは、「遺留分」に関する民法の特例です。相続では相続人が最低限取得できる財産の割合である「遺留分」が民法で定められています。しかし、事業承継では遺留分がネックになることがあります。例えば、長男を後継者と決め生前贈与や遺言で株式を引き渡そうとしたのに、兄弟など他の相続人の遺留分を侵害する可能性が出てくるようなケースです。

株式が後継者に集中すれば、遺留分を巡って家族が争う「争族」の火種となりやすいもの。しかし、遺留分に配慮し株式が分散すれば経営の安定を妨げる要因になるでしょう。いったん相続人の間で後継者に引き渡すことを合意しても、その後に株式の評価が上がり、再び遺留分が焦点になることもあります。

特例はこうした問題に対応するもので、相続人が合意すれば後継者が引き継ぐ株式は遺留分の算定から除外するか、遺留分に算定する価額を合意時点の時価に固定することができます。特例は２００９年にできましたが、２０１６年には後継者の対象が親族以外にも広がりました。

さらに、２０１９年の民法改正では経営者が生前贈与や遺言で株式を後継者に引き渡し、それが他の相続人の遺留分を侵害する場合、後継者は金銭の支払いで対応できるようになり、株式の分散を防げるようになりました。

事業承継を支援する制度は整い、ここにきてのコロナ禍で中小企業経営者の意識も高まってきました。機は熟しているといえます。

「争族」で会社が存続できなければ、従業員家族や取引先にも大きな影響が及びます。経営者は元気なうちに家族会議を開き、会社の役割を説明し、理解を求めることが必要です。

事例から学ぶ相続──15

新型コロナで前倒し。「後継者選び」68歳社長の決断

後継者を「誰にするか」で変わる対策

新型コロナの猛威は、中小企業オーナーの事業承継対策に大きな影響を与えています。高齢者が感染した場合、重症化や死亡のリスクが高いため高齢のオーナー社長にとってこれは切実な問題なのです。万一、自分が死亡し、会社の存続が危うくなれば、従業員やその家族にまで多大な影響が及ぶでしょう。このため対策を急ごうとする動きがあります。

事業承継対策のポイントはすでに後継者が決まっているかどうかです。決まっているのなら余裕もありますが、問題はこれから決めるという場合です。まず、子どもに事業を継がせるのかどうか、です。継がせないのであれば一族の誰かに託すか、それとも社内から選定するか、社外から招請するか……、後継者を誰にするかで対策の方法はまったく違うからです。

後継者にとっては株式を過半数以上取得し、会社の支配権を維持することが重要です。株式はオーナー一族から譲り受けることになるので、一族にいる後継者であれば相続や贈与で株式を手に入れることができますが、一族以外であれば売買によって株式を移転するのが一般的です。

コロナに感染したら生還できるのか?

東京都内で不動産関連会社を経営するH社長（68）は今、事業承継対策に前倒しで取り組まなければならないと真剣に考えています。

会社の従業員は約10人。平均年齢は30代後半で、業界では比較的年齢層が若いほうです。H社長は以前から75歳を引退時期と決め、それまでは「若いものには負けない」という気持ちで仕事に取り組んできました。後継者を決めるのはもう少し先でいいと考えていたのです。

しかし、新型コロナの感染が拡大し、考えが変化しました。国内外の著名なスポーツマンや芸能人、政治家が感染したというニュースを聞くにつれ、いつ自分が感染しても不思議ではないと思うようになりました。手洗いやうがいで感染対策をしているものの、仕事の打ち合わせや接客などで外出は避けられません。糖尿病を抱えており、もし感染したら生還できるかどうか自信がありません。

子どもに事業は継いでほしいものの、残念なことに子どもにその気はまったくない様子。そこで、従業員から後継者を選ぶつもりでいます。

気になるのは、社員に危機感がないこと。いつまでも「社長が元気に会社を引っ張っていく」と思い込んでいるようです。けれども、これからの会社経営は社員全員の協力が必要で、一人一人が真剣になって取り組んでもらわなければなりません。

机の中の書類をどんどん捨てる

H社長は「とにかく従業員に危機感を持ってもらわなければ」と、身の回りの片づけから始めることにしました。まずは机の引き出しが書類でいっぱいになっていたので、「よし断捨離だ」と行動を起こしました。ここ数年見ることもなかったような書類はどんどん捨てました。

世の中では働き方改革が叫ばれ、テレワークが注目されているとはいえ、正直なところH社長にはピンときていませんでした。紙ベースでずっと仕事をしてきたので、モニター画面では仕事ができないのです。でも、もう机に書類を詰め込んでいるような時代ではありません。机の整理をしながら、「世代交代の時期はすでに来ていたのだ」と実感しました。

H社長は机の中の断捨離を終えると、キャビネットやロッカーの整理を開始しました。こうして年末の大掃除でもしていなかったような掃除を数日かけて取り組みました。

最初はいぶかしげに眺めていた従業員たちは、「なぜ、社長は突然、身辺の整理を始めたのだろうか」と、次第にH社長が事業承継に思いを固めたことを感じ取ったようです。

税理士よりプラスオン・アドバイス

事業承継は従業員が同じ方向を見て、後継者は社員総意の人選が一番スムーズにいきます。H社長は「断捨離」という行動で自分の意志を伝えました。後継者にとってH社長の潔い身の引き方もプラスに働くでしょう。

事例から学ぶ相続――16

「父親の会社を残せる」か。優良中小企業2代目社長の悩み

国税から指摘された「公私混同」

東京都内在住のIさん（58）は中小企業の2代目社長です。父親（87）が創立した製造販売会社を引き継ぎ、業績を順調に伸ばしてきました。父親は自社株の大部分を所有しており、現在も会長として毎日出社しています。Iさんは父親にはいまだに頭が上がりません。

Iさんの目下の悩みは、自社株の評価額が相当高くなっていることです。非上場会社の株式の評価額は、国税庁の通達に基づき純資産額や類似業種との比較などで決まります。経営状況が良ければおのずと評価額は高くなり、その結果、父親の相続財産を押し上げています。相続財産に占める自社株の評価額は8割以上。父親に万一のことがあれば、相続税の負担は大きなものとなります。

このことは父親も承知しており、相続対策として金融機関から融資を受けて不動

産投資を進めようとしましたが、「高齢の個人への高額融資は厳しい」と断られました。このため会社が金融機関から融資を受け、その資金を同一条件で父親に貸し付けることにしました。この資金で父親は複数の投資用不動産物件を購入しています。

ところが、会社への税務調査で「この融資手法は公私混同だ」という指摘を受けてしまいました。この父親の相続対策については社内にも秘密にしていましたが、表面化すれば経営問題に発展しかねません。Ｉさんは、「どうしたものか……」と悩みました。

中小企業を支援する税制特例

そんな折、中小企業の事業承継を支援する「事業承継税制」が改正され、非上場株式の納税を猶予・免除する特例が設けられることになりました。Ｉさんは「これだ」とばかりに飛びつきました。

事業承継税制は都道府県知事の認定を受けた非上場会社の株式を、会社の後継者が贈与や相続で取得する場合、一定の条件を満たせば贈与税や相続税の納税を猶予したり、免除したりするものです。制度は以前からありましたが、２０１８年から10年間の期間限定の特例が設けられ、納税猶予の対象となる株式の制限を撤廃するなど、かなり使いやすいものになりました。

Iさんのケースにあてはまれば、①父親から自社株の生前贈与を受け、贈与税の納税が猶予される、②父親が亡くなった際には、その贈与税が免除され、相続税の納税猶予として引き継がれる、ということになります。それならば、リスクを冒して相続対策のための不動産投資をする必要はありません。

さっそく父親にこの制度を説明し、父親が購入した投資用不動産物件は売却し、借入金を整理することにし、相続対策はこれで落ち着くかにみえました。

しかし、ここには未解決の大きな問題が残されていました。Iさんには姉と妹がおり、父親の相続財産の8割を占める自社株をIさんが生前贈与で取得するとなれば、この2人が黙っているはずがありません。

姉と妹の「遺留分」がネックに

父親の相続人はIさんと姉妹の兄弟3人です。民法では相続の際に最低限保証される相続分である「遺留分」が決まっており、姉と妹の遺留分はそれぞれ6分の1。もし、姉や妹にその相応の金額を請求されても、Iさんがそれを捻出するのは不可能です。

民法の遺留分は中小企業の事業承継の障害になりかねないため、事業承継税制では相続人全員の合意が得られれば、後継者に贈与された自社株を相続財産から除外できるなど「遺留分に関する民法の特例」も併せて設けられています。どうやら、この特例を活用するしかなさそうで、弁護士と相談することも必要でしょう。

Iさんは姉や妹にはできるだけのことはしてあげたい気持ちはあります。けれども、父親が築いた会社を維持発展させていくことは優先すべき課題です。姉や妹に理解を求めながら、争族にならないよう父親の尽力を期待するしかありません。

「やはり、父親である会長にもうひと頑張りしてもらうしかない」のがIさんの思いです。

税理士よりプラスオン・アドバイス

事業承継は事業主と後継者の思惑だけでは失敗します。他の相続人や従業員に理解を求めることで、事業承継税制を有効に使うことができます。

相続に社有地を利用。「往復ビンタ」食らった社長のなぜ

妹に社有地を格安譲渡

父親と一緒に同族会社を盛り立ててきた長男Aさん。さらに事業を拡大する準備を進めていた折、父親が亡くなりました。相続人は母親、Aさん、妹のBさんの3人。会社の株式は父親が62%を、残りの38%をAさんが所有しており、Aさんが代表取締役を務めていますが、3人で協議した結果、次のような遺産分割をすることで合意しました。

①母親は自宅の土地建物と預貯金3000万円を取得する。
②Aさんは会社の株式の父親保有分をすべて取得する。
③Bさんは預貯金4000万円を取得し、会社の社屋がある社有地を3000万円で譲り受ける。

Bさんが譲り受ける社有地は帳簿価額1000万円で、相続税評価額は4000万

円です。相続税の評価額は通常、一般的な取引価格（時価）の8割程度に設定されているため、時価は5000万円（4000万円÷0・8）と考えられます。Aさんは事業拡大のため以前から社屋移転を計画しており、移転後の社屋跡地は遊休地となるため、これを機にBさんに安く売却することにしたわけです。

ただし、社有地は会社のものであり、これはAさんが「代表取締役」の地位を利用することにより成立した合意ということになります。法的にはAさんが社有地を3000万円で取得し、その後、Bさんに3000万円で譲渡する取引となります。

譲渡益課税に損金不算入

さて、この取引が行われた場合、社有地売買や相続を巡りどのような課税関係が生じるのでしょうか。

まず、会社の課税関係から考えます。利益を追求するはずの法人が不動産を時価より安い価格で売ることは不合理であるため、こうした場合、税法では「時価で譲渡した」とみなされます。

そこで、この取引では社有地の時価5000万円とAさんへの譲渡額3000万円の差額2000万円に課税され、さらに同額の2000万円については代表取締役であるAさんへの役員賞与とみなされ「損金不算入」の処理をされることになります。譲渡益に課税されるばかりか、役員賞与として損金不算入になり、税務の世界では、通称「往復ビンタ」と呼ばれるケースです。

Aさんについては、役員賞与として受けた2000万円に所得税がかかることになります。

また、Aさんが社有地を取得し、Bさんに社有地を譲渡するのは相続人であるAさんが法定相続分以上の遺産を取得したうえで、別の相続人であるBさんに代償金を支払う「代償分割」とみなされます。そこで、Aさんは会社から5000万円で取得した社有地を「代償財産」としてBさんに移転した譲渡収入金額5000万円があったとみなされます。実際には譲渡利益は生じていませんが、「土地の売買があった」とされるわけです。

このため、Bさんが取得した社有地の取得価額はBさんが実際に支払った3000万円ではなく、時価の5000万円となります。将来、Bさんがこの土地を譲渡するときには注意が必要です。

複雑な課税関係を見逃さないように

相続税についてはどうでしょうか。Aさんの相続税の計算上、社有地の相続税評価額4000万円に相当する金額は、代償債務(代償分割の債務)として相続税課税価格から減額し、Bさんから支払いを受ける3000万円は代償債権(代償分割の債権)として課税価格に加算することになります。

Bさんの相続税についても、社有地の相続税評価額4000万円に相当する金額は代償債権として相続税の課税価格に加算し、Aさんに支払う3000万円円は代償債務として課税価格から減額することになります。

Aさんのケースのように会社所有の不動産が絡む場合は、時価と譲渡額の差から複雑な課税関係が生じることもあり注意が必要です。

税理士よりプラスオン・アドバイス

遺産分割で同族会社の財産が絡むケースは時々見受けられ、会社が役員報酬を支払うことを代償金とすることはありがちです。法人と個人の公私混同に注意しましょう。

「愛読書は預金通帳」からの卒業

最近の特徴として、課税される相続財産から不動産が減り、その分、金融資産の割合が増えています。「預金通帳」を見てニンマリしている資産家の姿が目に浮かびますが、あまり貯め込まず、家族とのコミュニケーションに使いましょう。お金は生前に有効に使うことこそが「生き金」になります。

団塊世代が後期高齢者になり始める

団塊世代（１９４７〈昭和22〉年～１９４９〈昭和24〉年生まれ）の２０２１年の年齢は、72～74歳となり、前期高齢者（65～74歳）から後期高齢者（75歳以上）に該当する世代が近づいています。医療の発達、暮らしの豊かさは団塊の世代やそれ以前の世代の人たちを人生１００年時代へと牽引しています。

半面、社会環境の厳しさから子どもたち世代の悲鳴が聞こえます。現在の高齢者に比べて給料も上がらなければ、将来もらえる年金も減る一方。しかも、前の世代のツケを払わなくてはなりません。

子どもたちの生活が苦しいため、親の相続財産をあてにするようになり、一番大切にしなければならない家族の気持ちがバラバラになってしまうのが、「争族」の始まりです。

相続財産の半分近くが金融資産に

最近の相続対策は、一代で財産を築いた団塊の世代の人たちの相談が多くなりました。自宅を残すこだわりはなく現金化して、自由に財産を使うのが特徴です。「子どもたちの世話にはなりたくない」と、70代から生活しやすい老人ホームや介護施設を探す人もいます。

課税される相続財産も時代と共に少しずつ変わっています。10年前には土地が半分を占めていましたが、5年ぐらい前から相続財産に占める土地の割合は徐々に減ってきています。

土地に代わって増えているのが現預金です。2018年の相続財産の金額の構成比は、現預金は32・3％で、土地の35・1％に迫っています。有価証券の16％を加えたら、相続財産の半分近くが金融資産です。相続時に株価が上昇していると有価証券の評価額が高くなり、もっと比率が増えるかもしれません。

贈与税を払っても贈与を選択

この金融資産をどうするか。貯め込むばかりでなく、お金は使うためにあるという考え方が最近の相続対策の特徴です。

子どもや孫に早めに資産を継承する贈与は、相続税を抑える有効な手段です。贈与

相続財産の金額の構成比の推移

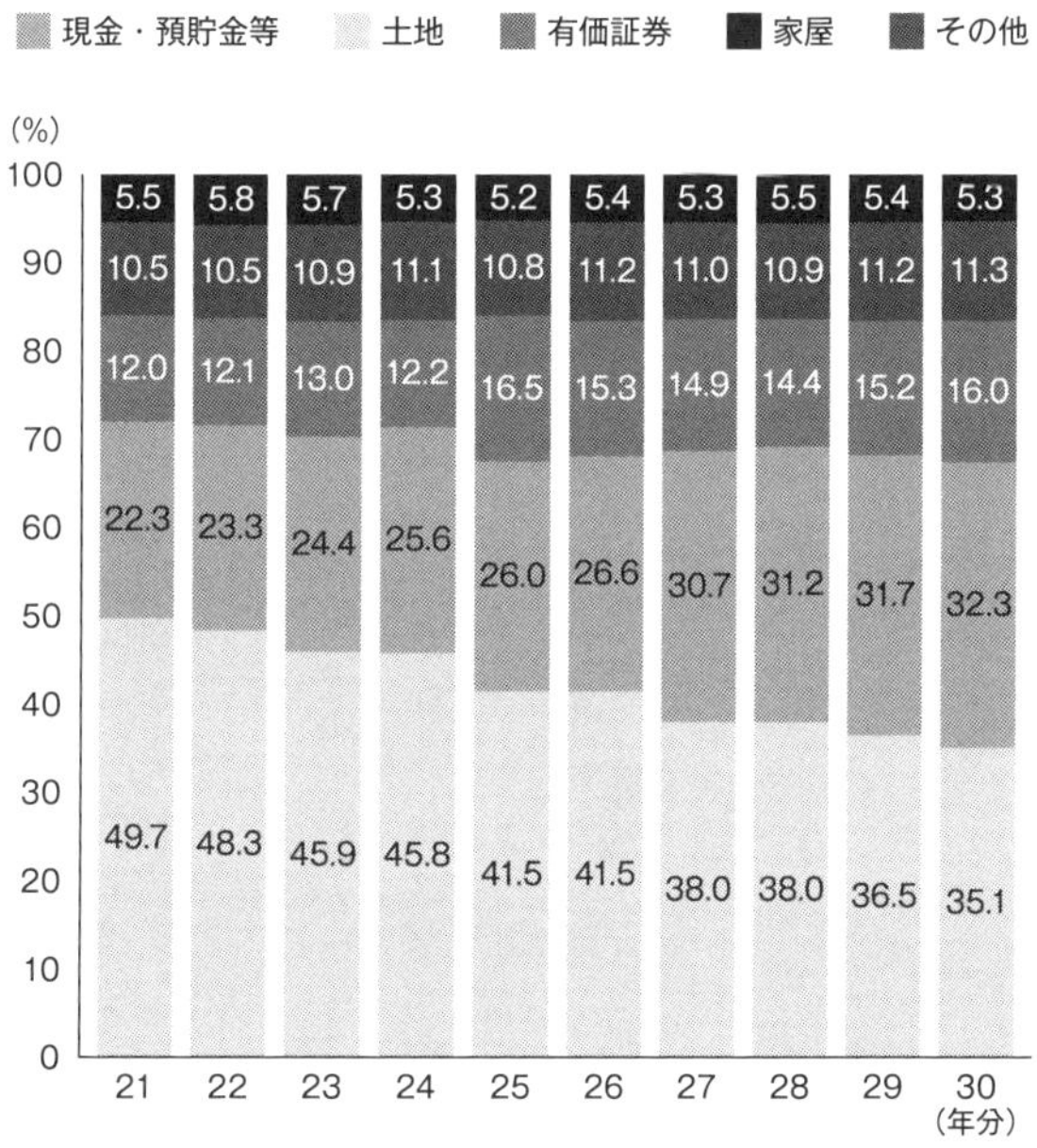

＊上記の計数は、相続税額のあり申告書(修正申告書を除く。)データに基づき作成している。

出典：国税庁「平成30年分 相続税の申告事績の概要」より

には暦年贈与と相続時精算課税の2種類がありますが、このうち暦年課税は年間で贈与された金額が基礎控除の１１０万円までなら申告は不要です。しかし、１１０万円にこだわらず、基礎控除を超える申告納税額がある人も多く、贈与税を払ってでも贈与を選択するケースが増えており、相続対策として普及している様子がうかがえます。

また、特にここ数年、住宅取得等資金の非課税枠が拡充され、教育資金、結婚・子育て資金の非課税制度が創設、期間延長されるなど贈与をしやすい環境が整っています。

そろそろ「愛読書は預金通帳」から卒業し、家族とのコミュニケーションに役立てませんか。

この章では多額の金融資産を残し、相続人が「生前に使えばよかったのに……」と嘆き、その対処に苦労した事例を紹介します。

事例から学ぶ相続――18

86歳妻が終活で悩んだ「亡夫の2億円タンス預金」

納戸の段ボール箱から札束が出てきた

東京都在住のK子さん（86）に子どもはおらず、10年前に夫を亡くしてからは単身で生活をしています。夫は自身の資産管理会社を設立し、賃貸ビル投資をしていました。現在はその会社をK子さんが引き継いでいます。役員報酬が入ってくるため、十分な生活資金があります。

K子さんは高齢ということもあり、そろそろ自分の相続のことも考えないといけないと財産整理を始めたところです。複数あった預金口座をまとめ、ゴルフ会員権やレジャー会員権、別荘などは処分しました。こうして財産の棚卸しが済んだら、遺言を書くつもりでいます。

K子さんが所有する財産はすべて夫から相続したもので、自分の実家からは1円たりとも受け継いでいません。なのですべての財産は夫の親族である甥に任せるつもりです。甥なら不動産を引き継ぎ、しっかり管理してくれそうです。

そんななか、気になっている財産があります。それは、なんと2億円のタンス預金です。夫の相続の際には気づかなかったのですが、しばらくして納戸の隅にあった段ボール箱に入っているお金を見つけたのです。

タンス預金の出所はどこ？

どんな経緯で蓄えられたお金なのか……、夫からは何も聞かされていませんでした。夫はバブル期には不動産会社を経営していたので、地上げのために用意していた資金を使うことなくそのままにしていたのかもしれません。

調べてみると、故人の残したタンス預金が見つかることはままありますが、その経緯はさまざまのようです。給与や事業で稼いだ資金を、将来必要になった場合のために保管しておくことが多いようですが、なかには所得税や法人税の収入を過少申告したり、経費を水増ししたりして、相続財産から現金を意識的に除外するケースもあるようです。

K子さんはタンス預金を甥にどう説明したらよいのか悩んだ末、正直にありのままを話そうと決心しました。

恐る恐る話を切り出すと、甥は驚く様子もなく「叔父さんが亡くなってから10年もたっているし、叔母さんはお金を見つけただけだから、万一、叔母さんの相続の際には、そのタンス預金も相続財産として申告すれば問題ないと思います」と、いとも簡単に答えました。

税務署が相続税の納税義務の確定手続を行うことができる期間（除斥期間）は申告期限から5年、仮に故意に申告しなかった悪質なケースでも7年と定められており、10年前の相続については納税の義務はありません。

甥は、資産管理会社が所有する賃貸ビルが老朽化していることについて、大規模修繕費用をどうするか考えていたといいます。億単位の資金が必要でしょうが、銀行が融資してくれるか、その場合には返済は大丈夫か、空室は生じないかなどです。タンス預金を相続財産として申告すれば、それを大規模修繕費用に生かすことができ、「資金のメドがたった」と喜びました。

ペイオフ恐怖症で加速

日本では紙幣流通残高100兆円に対し、50兆円ものタンス預金があるとされています。その要因の一つとされるのが、金融機関が破たんした場合、預金者1人あたり元金1000万円までとその利息のみの上限を設けて払い戻しを保証する「ペイオフ制度」です。

制度は1970年代にできましたが、長らく発動されず、バブル崩壊後の金融不安から政府が一時凍結を宣言しました。2002年から凍結は解除されましたが、ペイオフを恐れ銀行から預金を引き出して貸金庫に保管したり、タンス預金として自宅に保管したりする人が大勢出たとみられます。

キャッシュレス時代が騒がれるなか、タンス預金残高は逆に増えるという予測も出ています。背景には高齢化の動きがあり、外出して預金の入出金の管理ができにくくなっていることから、自宅に多額の現金を置きたいと考える人もいるようです。

税理士よりプラスオン・アドバイス

２０２４年度の上半期（４～９月）をめどに、１万円札・５千円札・千円札のデザインが新しくなる新紙幣が発行されます。１万円札は「日本の資本主義の父」といわれる渋沢栄一、５千円札は日本の女子教育に大きな役割をはたした津田梅子、千円札は医療の発展に貢献した北里柴三郎です。この新札発行はタンス預金のあぶり出しともいわれており２００４年の紙幣切り替えの発行時には、タンス預金が１年前に比べ３％減ったとのデータがあります。タンス預金には盗難などの危険も伴います。手元に置くのは必要な額にとどめておきましょう。

事例から学ぶ相続―19

貸金庫にぎっしり現金4500万円。85歳亡父の思いは「謎のまま」

「ペイオフ解禁」で貸金庫の利用が増加

「大事なもの」はどこに保管しておけばよいのか悩んでいる人も多いでしょう。自宅に金庫を持つ家庭も多いですが、地震や火災などの災害や盗難などに遭うリスクがあります。それを回避できる安全・安心な場所といえば、やはり銀行の貸金庫でしょう。使う頻度が高い大事なものは自宅金庫に置き、そうでないものは貸金庫に預けるというのが一般的のようです。

貸金庫の利用は増加傾向にあります。その要因の一つが、金融機関が破綻した場合、預金者1人あたり元金1000万円までとその利息のみの上限を設けて払い戻しを保証する「ペイオフ制度」です。バブル崩壊後の金融不安で政府が一時、制度を凍結しましたが、2002年に凍結を解除したことで、預金を引き出して自宅のタンス預金として保管したり、銀行の貸金庫に保管する動きが進んだとされています。

貸金庫に何を入れているのかはもちろん、貸金庫を利用していることを秘密にしていることは珍しくありません。保管する大事なものとは、実印、現金、不動産等の権利証、不動産の売買契約書、生命保険契約書、貸付証書、金、宝石、貴金属、コレクション、保証書、記念硬貨などが多いようです。

本人が亡くなっても相続人は貸金庫に気がつかず、相続税の申告のため亡くなった人の預金通帳を確認し、貸金庫の使用料が自動引き落としとなっているのを見つけて、初めてわかったということもしばしばあります。

父が貸金庫に預けていたものは……

東京都に住むAさん（62）の同居する父親が85歳で亡くなりました。相続人はAさんと姉と弟の計3人です。

父親は自宅の最寄り駅前にある銀行の貸金庫を利用していました。Aさんはそのこと自体は知っていましたが、父は不動産物件を多く持っており、おそらく権利証を入れているのだろうと思っていました。

父親の四十九日も過ぎようやく落ち着いた頃、相続税の申告準備のため貸金庫の中身を確認してみることにしました。Ａさんが勝手に貸金庫を開けたとなれば、姉や弟にあらぬ疑念を生みかねません。そこで、Ａさんと姉弟の兄弟３人が一緒に税理士の立ち合いで確認することにしました。

父親が銀行で契約していた貸金庫は二つありました。手続きを済ませて金庫室に入り、同行した銀行員と共に開扉して取り出した内箱二つを金庫室のテーブルに並べました。内箱は高さ6センチ、幅26センチ、奥行き45センチほど。ふたを開けて写真を撮り、中のものを取り出してテーブルに並べてから、また、その写真を撮りました。

中身は４５００万円ほどの現金でした。内箱の一つには１００万円の束で30束がぎっしり詰められ、空きスペースにポリ袋へ入れた記念硬貨がありました。もう一つには１００万円の束が15束と不動産の権利証が入っていました。現金の束は帯封のものと輪ゴムで束ねたものがありましたが、いずれも１００枚ずつきちんとまとまっていました。

やはりあった税務調査

この現金や権利証をどうするのかはその場で話し合い、元に戻すことにしました。

貸金庫への入退出は銀行が記録しており、貸金庫は相続税の税務調査があれば確認対象となるでしょう。税理士の立会いで中身を確認し、写真も撮っていることから中身を何も持ち出していないことは示すことができます。

貸金庫の現金を含めて相続税の申告をしましたが、その後、税務調査があり貸金庫と自宅金庫を確認していきました。申告はきちんとしていたので、税務当局からは何も指摘されることはありませんでした。父親がなぜ現金を預金ではなく貸金庫に入れていたのか、Aさんにとっていまだ謎です。

税理士よりプラスオン・アドバイス

貸金庫は本人だけの秘密で利用していても、本人が亡くなればその家族がそれを確認することになり、税務署もその中身を知ろうとします。少なくとも子どもに見られたくないようなものは入れるべきではありません。

倉庫にあった「金塊40キロ」。相続税はどうなる？

老朽化した家は建て替えへ

N子さん（73）は独身の次女K子さん（43）と東京都内の住宅地で暮らしています。夫は8年前に亡くなり、長男と長女はそれぞれ独立し家庭を持っています。現在の家は40年以上前、夫の両親が建てたものです。夫の一家はかつてJR山手線の駅近くの商業地に住んでいましたが、開発が進んで騒がしくなったため家を取り壊してそこに賃貸ビルを建て、落ち着いた住宅地に移りました。両親はその後間もなく亡くなり、財産はすべて夫が相続しました。

この家には夫の両親とN子さん夫婦、さらに3人の子の7人でにぎやかに過ごしてきた思い出が詰まっています。けれども築40年以上となると、あちこち老朽化が目立ち、さらに2人で生活するには広すぎて不便だと感じるようになっていました。

しばらく前にN子さんが庭で転んで手首を骨折したことが決め手となり「やはり段

差のないバリアフリーの家にしたい」と、そう痛感したN子さんは家の建て替えを決めました。

倉庫の隅の段ボール箱の中身は？

N子さんは建て替え準備のため家の中や裏庭にある倉庫の整理に取りかかりました。捨てるものと残すものとに仕分けしていきますが、昔の思い出の品々や家族の写真などが次々に出てきてなかなかはかどりません。

そうこうするうちに、倉庫の隅にあった古びた段ボール箱に気が付きました。持ち上げたくても重くて動きません。何が入っているのかと開けてみると、和紙の下に黒ずんだものが出てきて……、なんと約40キロの金塊だったのです。

N子さんは「困ったことになった」と思いました。実は8年前に夫が亡くなったとき、税務調査で家の中から現金500万円が見つかり、税務署の調査官にそれを厳しく指摘されたのです。隠すつもりなど毛頭なく、大地震に備えて避難用リュックに入れておいたのをすっかり忘れていたものでした。

この金塊も申告漏れだったとなると、考えただけで足が震えてきます。次女のK子さんも税務調査の苦い記憶が甦ったようで困惑しました。

現在の価値に換算すると約2億8000万円

金塊はどうやら夫の両親が亡くなる前、バブル期直後の1990年代に買ったもののようでした。当時の国内金価格を1グラムあたり約1200円とすると、購入価格は約4800万円。現在は1グラム7000円程度なので約2億8000万円になります。

税務署に届け出る必要があるのか、その場合、税金がどのくらいかかるのか……。N子さんは心配で専門家に相談しました。

専門家の見解は次のようなものです。相続税について税務署が納税義務の確定手続きを行うことができる期間（除斥期間）は申告期限から5年、故意に申告しなかった悪質なケースでも7年と定められており、納税の義務はないとのことでした。

申告の必要はないと知り、N子さんはほっとしました。金塊はN子さんと子3人の相続人全員で、改めて遺産分割協議を開いて分けることになりました。

税理士よりプラスオン・アドバイス

その金塊が両親の財産だったとしても、夫が単独で相続したのだから、金塊も夫が相続したものとなります。その夫の相続もすでに8年前なので、相続税についてもすでに時効になっています。金塊は夫の相続財産に含めなかったため「未分割財産」という扱いになります。

亡夫の預金８０００万円。「独り占め」狙った妻のてんまつ

税務調査で指摘された「隠し預金」

Ａさんが亡くなりました。相続人は妻Ｂさんと子３人の計４人で、遺産分割協議をとりまとめ、滞りなく10カ月の期限内に相続税の申告を行いました。遺産総額は５億７０００万円です。

しかし、その後、問題が生じました。税務調査でＡさん名義の銀行口座の定期預金８０００万円が申告漏れになっていることが指摘されたのです。この定期預金の通帳はＢさんが保管していました。申告漏れがあったなら通常は修正申告をし、同時に納税することになります。しかし、それもすんなりとはいきませんでした。

遺産分割協議書にはそれぞれの相続人が取得する財産を記載したうえで、最後に「ここに掲げた財産以外の財産は、Ｂさんが取得する」という内容の文言がありました。もちろん、申告漏れの定期預金８０００万円の記載はありません。それを根拠に

Bさんが「定期預金は自分が相続するはずだ」と主張したためです。

長男Cさんは「定期預金8000万円があることは知らなかったので、納得できない」と異議を唱え、遺産分割を全面的に見直しするよう主張しました。Cさんは遺産分割で不動産だけを取得しており、相続税は延納としていました。

遺産分割協議は無効か？

このケースはどう扱われることになるのでしょうか。

遺産分割である特定の相続人（遺贈を受けた人を含む）のものになった財産を「分割のやり直し」として再分配する場合、その財産はその特定の相続人から他の相続人に「譲渡（贈与を含む）された」として取り扱われ、その譲渡や贈与について課税されることになります。

一方、遺産分割が無効となる原因がある場合、その遺産分割は法律行為としての効果を生じないため、分割のやり直しではなく遺産分割そのものとして扱われます。

このケースでは申告漏れの定期預金8000万円は総遺産6億5000万円（申告遺産＋申告漏れ定期預金）の12％強と大きなものです。その存在が相続人全員に明らかにされていないなかで合意された遺産分割であれば、「要素に錯誤があった」として無効と考えられます。「要素の錯誤」とは「その錯誤がなければそのような遺産分割はしなかったと認められるほど重大な錯誤」という意味です。

仮に、遺産分割協議書に4000万円の定期預金が記載され、それを誰が取得するのか示されていたとしましょう。この場合、それより額が上回る定期預金8000万円の記載がないのは不自然です。つまり、定期預金8000万円があることが相続人全員に明らかにされない状況であったことは明白になるでしょう。

税額軽減なく「重加算税」も

課税問題はどうなるでしょうか。遺産分割が無効であれば、それは「分割のやり直し」ではないから、譲渡や贈与としては取り扱われず相続税以外に課税問題は生じません。また、遺産分割を無効とせず、申告漏れの定期預金8000万円だけが「未分割財産（分割の行われていない財産）」であったとして、追加的にその遺産分割を行って相続人の間で配分しても、相続税以外の課税問題は生じません。

ただし、相続税上の問題点があります。Bさんが定期預金8000万円を隠ぺいしていたことです。相続税では配偶者の税額軽減の特例があり、配偶者が相続した遺産の額が1億6000万円までか、配偶者の法定相続分までであれば、相続税はかかりません。しかし、隠ぺいにはその特例の適用はなく、さらに増差税額（修正申告で納付する税額）の35％分が重加算税として課せられます。

税理士よりプラスオン・アドバイス

相続対策は家族関係が良好であることが一番です。Bさんに増差税額が出ないように遺産分割協議を整えることができれば、重加算税のペナルティはなんとか最小限に抑えることができるでしょう。

相続から考える「人生とは」

相続対策が変わってきました。高齢化に伴う健康不安のなか、特に認知症対策と、少子化に伴う後継者対策が、新たな課題として重みを増しています。

相続は「人生とは」を考えるよい機会ともいえます。

事例からそれぞれの人生の重みを感じてください。

これまで相続対策のポイントとして挙げられてきたのは、争族対策、節税対策、納税資金対策の３つといわれてきました。少子化が騒がれてからは後継者対策が注目され、「人生１００年時代」の言葉が定着すると、さらに健康対策や認知症対策が加わりました。

相続ビジネスの領域も広がっています。争族対策のための遺言、節税対策のための不動産投資・保険など節税商品、納税資金のための不動産投資・保険・債券、後継者対策のための組織再編・信託・M&A（合併・買収）、健康対策・認知症対策のための家族信託・予防対策関係（スポーツジム、健康食品、クリニック）など、実に幅広くなってきました。

人生１００年時代では、親が高齢であるのと同時に、子どもも還暦を過ぎた高齢者になっています。相続対策の悩みは親と変わりません。その違いは、子どもは親の面倒を見なければならないこと。まさに親と子の「老老介護」であり、健康への関心が高まるのは当然のことでしょう。

たしかに、高齢者の病院通いと薬の多用が医療費を増大させ、社会問題となっています。病院に通院できるぐらいなら日常生活ができる状態でしょうが、寝たきりになったり、認知症になったりすると、日々の生活資金の管理や買い物、所有している資産の管理などができなくなってしまいます。

子どもが同居していたり、近所に住んでいたりするのなら、面倒をみてくれるでしょうが、子どもが仕事や結婚などで遠方に住んでいたり、海外居住したりしているケースも多くなってきました。家族に頼れない場合、近くに親族、友人、知人がいれば心強いですが、日常生活の細かいことや資金管理を任せることはできません。

ニーズに応える「家族信託」

判断能力が低下した人をサポートする公的な仕組みとしては、「成年後見人制度」があります。しかし、成年後見人の仕事とは本人の財産管理や本人に代わって契約や手続きを行う「身上監護」です。財産の現状維持を基本としており、積極的な資産運用はできません。

相続対策を必要と考えている人が認知症と診断されると、所有する不動産や金融資産を動かすことができなくなります。つまり、相続対策は何もできなくなるのです。

本人ができないのなら、相続人である子どもができるようにならないか……。そのニーズに応えるのが「家族信託」です。事前に親子で信託契約を結び、子どもが親の意思に沿って財産を管理運営していく仕組みです。もちろん、この信託契約も親の意思能力があるときに結ばなければなりませんが、柔軟な相続対策が可能になります。

家族信託は税務上の手続きもスムーズ

例えば、親所有の賃貸マンションの管理運営を子どもにすべて任せたいと、親子で信託契約を結ぶケースを考えてみましょう。

親が委託者・受益者、子が受託者となり、マンションの名義は親から子に移ります。ただし、実質的な所有者は受益者である親ですから、賃貸収入が子の預金口座に振り込まれたとしても、それはすべて親のものになり、確定申告は「親の収入」として申告します。

契約の内容が不動産を売却できる「処分信託」であれば、受託者である子は売買手続きをすることができます。その場合、譲渡申告も受益者である「親の申告」となります。

あらかじめ親の家の処分信託を結んでおき、親が認知症になったときは家を売却して、親の施設への入居金や費用を捻出する……。このように認知症対策として家族信託を活用するケースは増えています。余剰金は子が自分名義の預金口座を帳簿代わりにして管理していれば、万一、親が亡くなった場合でも、子名義の預金口座を相続財産に含めて申告をすれば、税務上も「問題ないもの」として取り扱われます。

このように使い勝手のいい家族信託の需要は、これから増えていくことが予想されます。

事例から学ぶ相続—22

一人暮らしの母がいい出した。「泥棒にお金を盗まれた！」

同じ話を何度も繰り返す母

関西在住のK子さん（51）は、茨城県にある実家で一人暮らししている母（79）のことが日増しに気がかりになっています。茨城の実家には父母と兄、K子さんの4人家族で生活していましたが、兄とK子さんが独立し、父も亡くなると母の一人暮らしとなりました。母は神奈川県で一人暮らしをしていた高齢の祖母を呼び寄せて介護していましたが、その祖母も2016年に107歳で亡くなりました。

兄は静岡県に住んでいます。兄妹とも実家とは遠く離れているので、月1回はどちらかが母の様子を見に行くようにしていました。

祖母と母の「老老介護」のうちは母も気丈に過ごしていましたが、祖母が亡くなって気が抜けたのでしょう。次第に物忘れが増え、同じ話を何度も繰り返すようになってきていました。

近くのスーパーで買い物したり、食事の支度をしたり、身の回りのことはまだできます。けれどもこの先を考えれば心配は尽きません。

「泥棒にお金を盗まれた」といい出した母

最近になってこんなことがありました。生活費はK子さんが現金自動受払機（ATM）でまとめて下ろし母に手渡しているのですが、母が「泥棒が家の中に入ってきて、お金を盗まれた」といい出したのです。どうやら、現金を家のあちこちの引き出しにしまい込み、その記憶もあいまいになってしまったようです。

このままでは、近所に迷惑をかけることにもなりかねません。ここで一人暮らしを続けるのはもう難しいかもしれないと兄妹で相談し、母を交えて今後のことを話し合いました。母は「この家は離れたくないけれど、神奈川の家に戻るのならそれでもいい」とのことでした。

祖母が住んでいた神奈川の家は母が育った実家で、近所には親戚も住んでおり、兄の家にも比較的近い場所です。長らく空き家になっていますが、住めるようにリフォームしてから移ってもらうことにしました。

ただし、近い将来は高齢者施設に入居することになるかもしれません。そのためにも、茨城の家は売却して母の老後資金に充てるつもりです。

家族信託は有効な手段

そこで重要なのが、母が認知症になったときのことを想定しておくことです。母が認知症と診断され、本人に意思能力がない状態になると、法律行為ができなくなります。自宅を売却したり、母の預貯金から資金を移したりすることができなくなると、母の今後のために有効な対策を打つことが難しくなります。

できる手段としては、家族信託が有効でしょう。母の意思能力が確かなうちに、母を委託者（受益者）、K子さんまたは兄を受託者として、信託契約を締結します。不動産名義を受託者に移転して売却できるようにし、信託口座を開設して、母の預貯金から必要な資金を移すことを考えています。

これは時間との戦いになるでしょう。とにかく、やれるところからやらなければと、K子さんと兄はさっそく行動に移すつもりです。

税理士よりプラスオン・アドバイス

家族信託とは親や、自分の老後や、介護などに備え、保有する不動産や預貯金などを信頼できる家族に託し、管理や処分を任せる家族用の財産管理のこと。利用者の目的により他の制度と使い分けたり、組み合わせたりすることで安心できる仕組みが作れます。家族信託での相続対策は、弁護士や司法書士や税理士など専門家に相談するとよいでしょう。

事例から学ぶ相続—23

92歳父の相続対策。「借地に6億円マンション」で解決

父に代わって次男が資産管理

東京都内在住のSさん（60）は3人兄弟の次男で、実家を継いで両親と生活をしてきました。7年前に母が亡くなり、今は父（92）とSさん夫婦の3人暮らしです。

実家はもともと農家でしたが、父の代に自宅の周りにある田畑の土地にアパートや貸し家を建て、不動産賃貸経営へと移行しました。高齢になった父は賃貸管理が重荷になり、そこでSさんが実家を継ぎ、不動産管理会社を設立して父の資産管理と不動産賃貸事業を引き継ぎました。

父の資産管理にあたり、Sさんが気にしてきたのは自宅敷地の有効活用と父の相続対策の二つです。どちらも思うようには進んでいません。

自宅の敷地は先祖代々、菩提寺から借りている借地です。敷地面積495平方メートルと広いうえ、駅に近くバス通りに面するなど好立地にありますが、老朽化した木

造2階建ての自宅が建っているだけです。そこで、Sさんは賃貸マンションを建てて有効活用したいと思っています。

しかし、菩提寺に「底地を譲ってほしい」と何度か持ちかけてきたものの、住職は「お寺としてそれはできない」という一点張りで、話は進みません。

衰えた父に「家族信託」は活用できず

相続対策については、母が亡くなった後、父が急に衰え、物忘れも目立つことから、急ぎたいと考えています。

まず検討したのが家族信託の活用です。家族信託とは本人の判断能力があるうちに、財産の管理や運用を家族に任せる仕組みです。財産の名義は父からSさんに移り、Sさんは父が元気なうちはその指示に従い、父が判断能力を失った後はあらかじめ交わした信託契約に沿うかたちで、資産の有効活用や組み換えをすることができます。試みたものの高齢の父は家族信託について残念ながら理解することができず、親子間で信託契約を結ぶことはできませんでした。

Sさんは家族信託をあきらめ、とりあえず2年前に父の任意後見人になる手続きをしました。任意後見とは本人の判断能力があるうちに判断能力が衰えたときに備え、支援者となる任意後見人や支援内容を決めておく仕組みです。財産の維持や預貯金の出し入れなど日常生活のための管理だけはできるようになるものの、財産の運用や節税などの相続対策を行うのは難しくなります。

このような状況下、懸案の一つである自宅敷地の有効活用に動きが出てきました。Sさんが地代の支払いのため寺に出向いたところ、思いがけず住職のほうから「敷地を買う気があるのなら、譲ってもいいよ」と話を切り出してきたのです。どうやら寺の経営が厳しい様子。突然の話に戸惑ったSさんですが、「これは願ってもないチャンスだ」と思い直し、「ぜひ譲ってください」と飛びつきました。

等価交換でマンションを建設

こうして自宅敷地を活用できることになり、もう一つの懸念である父の相続対策についても光明が差してきました。Sさんが考えたのは次のようなプランです。

自宅敷地は借地権割合70%地域であるため、底地権割合は30%。自宅敷地の時価を3億円と見積もると、借地権は2億1000万円、底地は9000万円となります。

まず、不動産管理会社が寺から底地を購入し、さらに、敷地にマンションを建築します。購入費用や建築資金は銀行からの融資を充て、マンションと父の借地権とを等価交換します。等価交換とは土地所有者がマンションの建築主に土地を提供し、それと等しい価値のマンションの部屋を得る方法です。

マンションの建築費を3億円とすると、寺から購入する底地9000万円と、父の借地権2億1000万円と合わせ、マンションの総投資額は6億円。父は等価交換でマンションのうち2億1000万円分にあたる35%の部屋を得ます。マンションが20戸なら7戸分の計算です。

マンション建築には時間がかかるので、時間との勝負となります。父には長生きしてもらうことを願うばかりです。

税理士よりプラスオン・アドバイス

人生100年時代ですから、92歳で6億円マンションはギリギリ間に合うでしょう。マンションの部屋が複数あるので、相続発生後は兄弟で分けやすくもなるでしょう。自宅敷地のうち父の所有する面積も少なくなるので、相続税の節税対策にもなります。

「新型コロナ対応」の3室。82歳が自宅に空き部屋を作った理由

相続対策の「三つの柱」

新型コロナの感染拡大はやや落ち着きの兆しも見えてきたものの、まだ気を緩められない状況です。コロナ禍のなか、高齢者には相続対策への考え方を見直す動きも出ています。

東京都内在住のHさん（82）は高齢になったこともあり、万一に備え相続対策を進めてきました。家族は妻とすでに独立している子ども3人。家族のために投資用マンションを購入し、遺言の作成も終えました。

相続対策には三つの柱が重要とされます。第一に、相続人が遺産を巡って仲たがいをしないようにする「争族対策」。第二に、相続人が納税資金に困らないようにする「納税資金対策」、第三に、相続税をできるだけ抑える「節税対策」です。

マンション購入は節税対策と納税資金対策、遺言は争族対策のためです。Hさん

は、三つの柱にはなんとかメドをつけたと一安心し、最後の仕上げとして身の回りの整理を始めました。

この断捨離を始めたタイミングで、新型コロナの感染拡大という思わぬ事態となりました。高齢者は感染すれば重症化するリスクが高いといいます。Hさんは心配になりました。

実は、高齢化の進展を反映し、最近では相続対策の第四の柱として「健康対策」が挙げられるようになっています。自分が認知症になったり、介護が必要になったりした場合でも、家族が負担にならないよう配慮する対策です。

2週間の自宅待機に備える

相続対策とは、いわば自分が安心して老後を暮らし、家族が楽しく過ごせるようにするためのものです。コロナ禍のなか、Hさんは自分の相続対策に「第四の柱」である健康対策という考え方がやや手薄だったと気がつきました。

健康対策といっても、何をすればよいのでしょうか。感染を避けるため十分注意をするのは当然ですが、万一、感染した場合のことも考えておかなければならない、と

Hさんは考えました。

そこで、自宅の改造に乗り出すことにしたのです。改造といっても大がかりなものではなく、新型コロナの感染が疑われたら2週間の自宅待機が必要になので、自分や家族がそうした状況になった場合に備え、そのためのスペースを確保しておこうというプランです。

自宅は広いのですが、かつて子どもたちが使っていた部屋はまるで時間が止まったかのように勉強机や本棚もそのまま荷物置場になっています。これら部屋をすっきりさせれば、空き部屋を三つ作ることができます。

さっそく、子どもたちに連絡し、部屋のものは廃棄処分するので、必要なものがあるなら持ち帰るように伝えました。子どもたちも大賛成です。それぞれの自宅は狭く、万一感染した場合にどうするかという不安があったといいます。実家に空き部屋があるなら安心できるということでした。

介護が必要になっても活用できる部屋

自宅に空きスペースを作っておくのは、何も新型コロナに対応するだけのためではありません。仮に、将来、夫婦のどちらかに介護が必要になったりしても何かと活用できるだろうと考えています。

もちろん普段から健康づくりにも精を出していきたいとHさんは気合十分。今は病院へ行くことも控えたほうがいいため、毎朝の散歩は欠かさず、食事や睡眠も十分とっていれば免疫力も上がるでしょう。コロナ禍が健康の大切さを教えてくれたと、Hさんは感じています。

税理士よりプラスオン・アドバイス

相続対策の三つの柱は「争族対策」「納税資金対策」「節税対策」。それに一番大事な「健康対策」も怠らないHさんの人生は充実しています。見習うべきところがたくさんありますね。

30年前の「リゾートマンション」復活。68歳の楽しい老後

子どもとスキーを楽しむためのリゾートマンション

Hさん（68）はバブル時代にスキー場に隣接した、温泉付きのリゾートマンションを購入しました。ゴルフ会員権やリゾートマンションを持つことが「ステータス」という時代でした。

バリバリの企業戦士だったHさんの帰宅はいつも終電でした。長男は6歳、長女は3歳で、冬休みぐらいは子どもたちと一緒にスキーを楽しみたいし、疲れた体を癒すためゆっくり温泉につかりたい……、そんな思いからリゾートマンションは少し高額でしたが思い切って購入したのです。当時、お正月は実家に帰省して過ごすのが恒例になっており、そのリゾートマンションが自宅と実家との中間地点にあって都合がよかったことも決め手になりました。

普段の生活では、なかなか子どもたちとゆっくり遊ぶこともできなかっただけに、

休みが取れれば、このときとばかりに家族でリゾートマンションに出かけて楽しんだものです。冬はスキー、それ以外の季節は温泉につかり、地元の郷土料理を味わいます。子どもたちも喜んでくれました。

けれども子どもたちが小学校の高学年、中学、高校と成長するにつれ、塾通いや受験勉強に追われるようになってきました。Hさんのほうはようやく仕事も部下に任せることができ、時間が取れるようになってきたのに、休みを一緒に過ごすことはなくなっていきました。

子どもたちをリゾートマンションに誘っても、「いつでも行けるから」と断られてしまいます。海外旅行はどうかと提案しても、「行きたいのなら夫婦2人で行けばいいよ」といわれる始末。子どもの成長を喜べばいいのでしょうが、距離をおかれるのも寂しいものです。

思いがけない娘との「2世代住宅」

時が流れ、2人の子どもたちは自分たちの生活を作り上げ、自立し、結婚して、親の手から離れていきました。思い出のリゾートマンションにはめったに行くこともなくなりました。

そんな折、長女が出産することになりました。子育てには手がかかります。「いっそのこと、実家に戻ってきたら」と何気なく持ちかけてみました。すると、長女夫婦は話し合った末、「2世帯住宅にリフォームして、それぞれのプライバシーを守ってくれるのであれば一緒に住んでもいい」ということになりました。

孫の成長を身近に見ながら生活ができるなんて、考えてもいないことでした。さっそく、Hさんは自宅を2世帯住宅に改装し、長女家族を迎える準備を進めました。

孫と一緒に雪遊びができるなんて

長女は無事出産しました。2世帯住宅でもお互い気を遣うことはありますが、そこは実の娘だからこそ気持ちも通じ合えます。娘婿も「賃貸マンション暮らしだったら、自家用車を持つ余裕などなかった」と喜んでいます。

うれしかったのは、あのリゾートマンションが甦ったことです。冬になれば、孫と一緒に雪そり遊びで思いっきり楽んでいます。長男も友人らを誘い、スキーや温泉を楽しんでいるようです。

残念ながらリゾートマンションの時価は販売価格の30の1程度に下がり、含み損を抱えています。でもHさんにとっては、大切な家族のコミュニケーションの場になっていることが何よりも価値があります。表面的には「バブルの遺産」かもしれませんが、「もしかしたら安い買い物だったのかもしれない」とHさんは思い直しています。

税理士よりプラスオン・アドバイス

夫婦2人きりだったHさんの家は5人家族になり、一気に賑やかになりました。2世帯住宅はお互い気を遣うこともあるでしょうが、こんなぜいたくな老後を迎えることができるとは思ってもいなかったそうです。2世帯住宅なら将来、小規模宅地等の特例も利用でき、相続対策もバッチリ。心からよかったと思います。

特別対談

相続は「損して、得取れ！」
子どもに財産を残すため今日からできる相続対策

相続対策といっても
具体的にどう動きだしたらいいのか。
自分の死後、子どもたちを争わせないためには
どのような対策をすればよいのか。
自身も親の相続に直面している
元マネー雑誌の編集長が
相続対策のエキスパートである
本書の著者・廣田龍介税理士と対談し、
最近の相続事情の傾向と、最新の対策に迫る。

有山典子さん

マネージャーナリスト。野村総合研究所勤務後、専業主婦を経て出版社に再就職。ビジネス書や経済誌の編集に携わる。1988年に西武タイム（現KADOKAWA）に入社、マネー誌『マネージャパン』編集に携わる。2000年より『マネープラス』創刊編集長の後、『マネージャパン』編集長を経て独立、現在はフリーでビジネス誌や単行本の編集・執筆を行っている。ファイナンシャルプランナーの資格も持つ。

――現代の相続の特徴は「相続発生が高齢化」「相続人が少ない」

有山　廣田先生、お久しぶりです。初めてお会いしてから、もうずいぶん経つんですよ。私が以前、出版社でマネー雑誌の編集をしていた頃に、先生のいらしたタクトコンサルティングに確定申告や相続の特集の監修をお願いしていました。

廣田　もう20年以上も前になりますね。有山さんはその後、編集長になられたとか。お互い、よくここまで働いてきましたね。

有山　こちらのエクスプレス・タックスには若くて優秀なスタッフが8名もいらっしゃるそうですね。私のほうこそ、先生がご立派になられて感激しました。現在、私は出版社を退職し、フリーで編集の仕事をしながら、義母の不動産経営を手伝っております。

廣田　家族信託など、すでに多くの相続対策の手を打っていらっしゃるとか。

有山　まだまだ道半ばで、昨年、夫が遺言を作成したところです。家族信託は先生のご著書で勉強させていただきました。この二十数年で相続はだいぶ変わったと思いますが、最近はどのような相談が多いのでしょうか。

廣田　「少子高齢化」とはよくいったもので、いま相談に来られる方は75～85歳ぐらいが中心となりましたが、以前より相続人が少ないのです。例えば〝おひとりさま〟の相続では、兄弟や甥、姪とは付き合いがないので財産は残したくない、と言われますね。そういえば最近、90代の母親より60代の独身の娘さんのほうが先に亡くなってしまったケースがありました。娘さんには億単位の遺産があり、母親と兄が相続人なのですが、娘さんが遺言を残していて……。遺言には自分より先に亡くなると思っていたお母さんの名前はなく、遺

産は兄と公益財団法人に寄付する旨が書かれていました。

有山　その場合、お母さんが遺留分を主張しなかったら遺言通りになるのですか?

廣田　そうなんです。お母さんは娘さんが亡くなって生活もままならず、今、寄付先の弁護士と揉めているところです。このように高齢化が進むと、亡くなる順番が狂うこともあり、順番が狂うと税金が大変なことになります。

有山　相続人の数が少なかったり、子どもが先に亡くなって高齢の親が相続人になるなんて、ひと昔前には考えにくかったですよね。

廣田　現代の相続はさまざまなパターンがあり、家族間の感情も複雑、離婚や再婚も多いですから、その家族にあったオリジナルの細かい相続対策が必要となりました。

——「争族対策」がうまくいけば、あとは自然とついてくる

有山　先生は相続対策で大事なのは何だと思われますか？

廣田　第一に、相続人が遺産をめぐって仲たがいをしないようにする「争族対策」。第二に、相続人が納税資金に困らないようにする「納税資金対策」、第三に、相続税をできるだけ抑える「節税対策」です。最近は第四として「健康対策」を加えています。自分が健康でいるための努力はもちろんのこと、認知症になったり、介護が必要になったりした場合でも、家族の負担にならないようにする対策です。

有山　コロナ禍で「健康対策」の重要性が増したような……。それにしても、家族が争わないことを一番に考えてくれる税理士さんは素晴らしいと思います。

廣田　争ったら家族がバラバラになってしまいますからね。私は家族会議で「このまま何もしなかったら税金は○○円、この手を使えば○○円、この手を使えば○○円」と説明をする機会があるのですが、子どもたちを一同に集められる強い親の家族は結束していて、争続対策がしっかりできていれば、納税資金の準備も節税も成功しますよ。

有山　そのような家族は計画的に贈与もされているでしょうね。

廣田　暦年贈与はよく使う手で、最近は税金を払っても贈与するようアドバイスしています。年間１１０万円の基礎控除があるので、１００万円の贈与で無税、３００万円なら税率10％（納税額で19万円）、５００万円なら納税額で10％（約50万円）の贈与税がかかります。相続税率が50％、55％の人なら、「50万円の税金で済みますから、先にあげましょうよ」と。

有山　贈与は子どもや孫たちへ公平に行わないと、争続の火種になるのが心配です。

廣田　ははは、有山さんはよくわかっていますね。内緒で贈与すると、あとで揉めますからね。どうしても多めにあげたい子どもがいるなら、遺言を作るとよいでしょう。

有山　対策をしないまま親がいつまでも財産を握っていたら、最終的にソンしてしまいます。相続対策は「損して、得取れ！」の精神がいいということですね。

廣田　マンションの一物件を子どもに贈与した人もいました。例えば、不動産なら、都心で時価1億円のマンションは２０００〜３０００万円の評価になります。これを一度に贈与するのではなく、2年に分けると贈与税率はさらに下がります。そこまでやる人は相続時に財産の半分は税金で持っていかれますから、20％で贈与できるならトクですよね。さらにそのマンションを賃貸にすれば、子どもの家賃収入が年３００万円ほどになります。これは毎年、子どもに贈与するのと一緒なので大きいです。

有山　えっ、1億円のマンションの評価が２０００万円ですか！　戸建てよりマンションのほうがよいのですか？

廣田　はい。マンションのほうが評価を下げることができ、売るときも売りやすいですね。相続税評価は建物も土地も1平方メートルいくらで計算しますから。

――不動産の法人化で「相続財産を3代先まで残す」

有山　不動産の収益があがってくると、次は法人化も考えられますよね。どれくらいの家賃収入が個人の賃貸業と不動産の法人化の分岐点なのでしょうか?

廣田　家賃収入だけならば年間2000万円で法人化したほうがよいです。ただし、給料や配当など個人所得が大きい方は、不動産所得が少なくても法人化するとよいですね。

有山　法人化しても相続税額は変わらないと思うのですが……。

廣田　相続税額そのものは変わらないと考えてよいでしょう。でも、収益が個人に蓄積されず法人に貯まっていくので、長い意味では節税対策になります。一般的に、土地は個人の名義のまま、建物だけを法人化します。法人は相続発生時に土地を買い取り、それが個人の納税資金になります。法人は土地の購入資金を銀行から借り入れますが、その金利は必要経費です。しかも、土地を買い取れば、それまで払っていた地代を払う必要がなくなるので、法人からみれば不動産投資ですよね。銀行からの借入金は家賃収入で返済していく。この方式なら銀行も貸し出しやすいわけで、法人は納税資金対策として有利なのです。

有山　とてもわかりやすい説明で、頭にスッと入ってきました。我が家のように相続人は普通のサラリーマンで、現金を持っていないというパターンは多いと思います。納税のために不動産を慌てて第三者に売ろうとしても、希望の価格ではまず売れないでしょう。同族間の取引ならばスムーズに売買が進みそうですね。

廣田　同族間なら時価をいくらにしようかなど、ある程度の融通が利きますから。一般的に公示価格の8掛けが路線価で、路線価で評価して相続税を計算します。これなら最低価格ですよね。

有山　資産家の財産は税金でどんどん召し上げら

れてしまう……、3代で財産がなくなるとはよくいったものです。

廣田　私の最初の本のタイトルは、『相続財産を3代先まで残す方法』です（笑）。代々で賃貸業を営んでいる方は、個人の財産を個人に引き継がせるのではなく、不動産の法人化という形で子どもへ資産を引き継がせ、承継させていくのがよいでしょう。

有山　先生がこれまで一番「うまくいった！」という案件はどんなものですか？

廣田　某一部上場企業の社長の相続で、200億円の節税をしたことがあります。その影響で、それまで使えた手が使えなくなりました。私が法律を変えちゃったんです（笑）。

有山　想像もつかない金額ですね。税理士さんは相談者の家計はもちろん、会社の経営まで対処されるので、大変な職業だと思います。先生のように相続に長けた税理士さんに頼めば、最善の仕組みを提案していただいて、それに向けて一家が団結していくことができますね。

――お金は死ぬ前に使う。人生をエンジョイしよう！

廣田　一方、最近は一代で財産を築いた団塊の世代の人からの相談も多数あります。自宅を子どもに残すことにこだわりはなく、現金化して夫婦で自由に使うのが主流です。子どもに迷惑をかけたくないので、将来のことを考え、「今のうちに生活しやすい老人ホームや介護施設を探しておくか」と行動をしているご夫婦もいらっしゃいます。

有山　私も同感です。あの世にお金を持っていけないですから。我が家では夫が定年退職してからは、２人で旅行するのを趣味にしています。今はコロナ禍で身動きがとれませんが、先生はクルーズ旅行がお好きだそうですね。

廣田　私共のお客さまの間ではコロナ以前はクルーズ旅行が盛んで、皆さんがあまりにも楽しそうにお話をされるので、私も試しにクルーズ旅行をしてみました。とても楽しかったので、クセになりそうです（笑）。お金は生きているうちに使って、楽しむのが勝ちですよ。

有山　私も行ってみたいです。ところで、先生はお休みの日は何をされているのですか？

廣田　スキーが趣味で、冬はよく滑っています。シーズン以外はスキーのための体力づくりで、愛犬とウオーキングしています。

有山　子どもの頃からスキーをされているのですか。ご出身はどちら？

廣田　福島県いわき市出身で、周囲にゴルフ場はたくさんあるのですが、雪は降りません。私は社会人になってからスキーを始めました。妻は新潟出身ですが、スキーはやっていませんでした。そこで、二人の子どもが小学生になったころ、家族全員でスキースクールに入りました。それ以来、ずっと滑っているのです。

有山　私も若い頃楽しんだスキーを、10年ほど前に再開しました。体力がなくなった分、進化した道具がカバーしてくれるので昔どおりに滑れますよ。自然の中を滑るって気持ちよいものですよね。

廣田　私は自分の足に合わせたスキー靴を作りましたよ。

有山　あら、本格的に取り組まれているとお見受けしました。きっと颯爽と滑っていらっしゃることでしょう。

廣田　実はバブルのときに買ったリゾートマンションが越後湯沢にありまして。今となっては資産価値が十分の一ぐらいになっていますが、私と妻、二世帯住宅に一緒に住む娘夫婦、孫、愛犬で、スキーを楽しむ時間は、お金では買うことのできない幸せな時間です。

有山　廣田家をお手本に相続対策をバッチリすれば、税金も安く済みそうですね。きょうは楽しい時間をありがとうございました。

相続に関わる手続きと期限のスケジュール

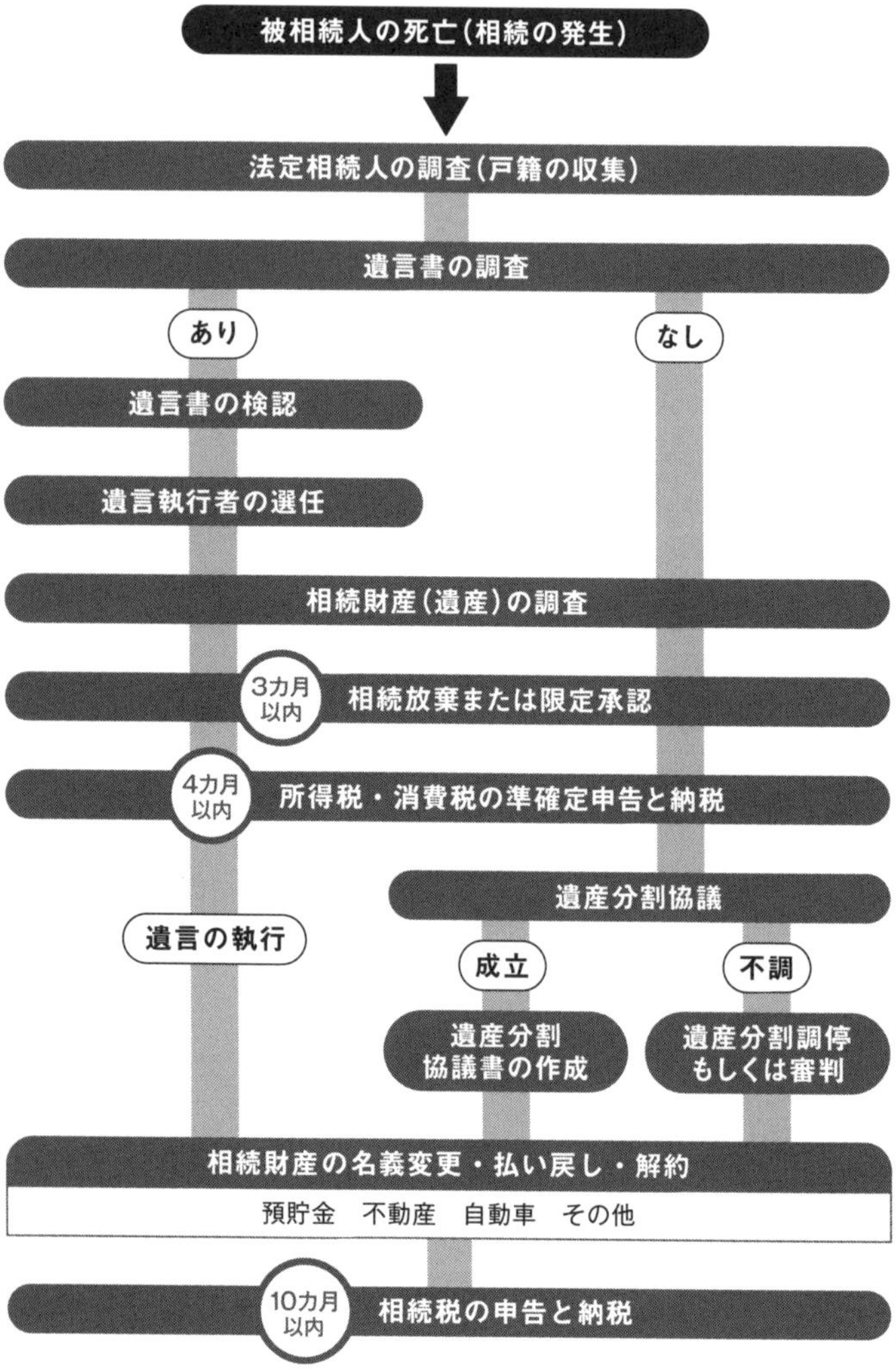

被相続人の死亡（相続の発生）
法定相続人の調査（戸籍の収集）
遺言書の調査
あり
なし
遺言書の検認
遺言執行者の選任
相続財産（遺産）の調査
3カ月以内
相続放棄または限定承認
4カ月以内
所得税・消費税の準確定申告と納税
遺産分割協議
遺言の執行
成立
不調
遺産分割協議書の作成
遺産分割調停もしくは審判
相続財産の名義変更・払い戻し・解約
預貯金　不動産　自動車　その他
10カ月以内
相続税の申告と納税

法定相続人の範囲と優先順位

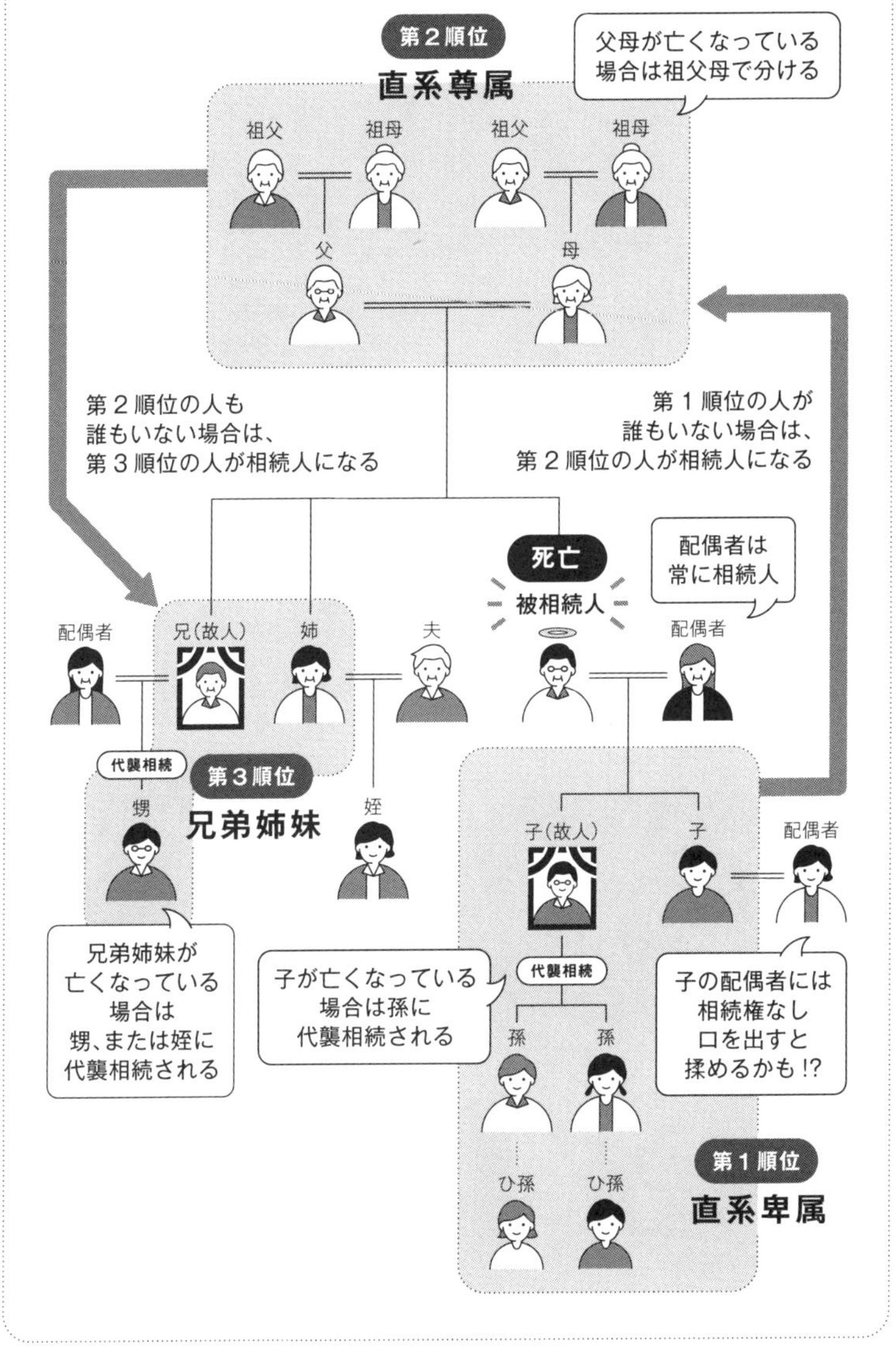

相続人の順位と法定相続割合

順位	相続分	備考
第1順位 配偶者と子	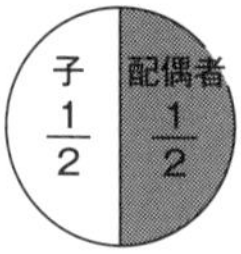	●子が複数いるときは、子の相続分を等分する (例)子が3人いる場合 子の相続分1/2÷3人=1/6ずつ ●実子、養子、婚姻関係にない相手から生まれた子も、子の相続分は同じ
第2順位 配偶者と直系尊属	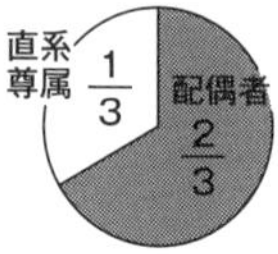	●直系尊属(親の親)が複数いるときは、直系尊属の相続分を等分する (例)両親がいる場合 直系尊属の相続分1/3÷2人=1/6ずつ
第3順位 配偶者と兄弟姉妹	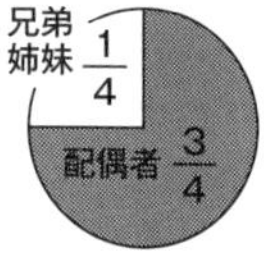	●兄弟姉妹が複数いるときは、兄弟姉妹の相続分を等分する。 (例)4人兄弟がいる場合 兄弟姉妹の相続分1/4÷4人=1/16ずつ ●父母の一方が故人の父母と異なる兄弟姉妹の相続分は、父母が両方とも同じ兄弟姉妹の2分の1になる。

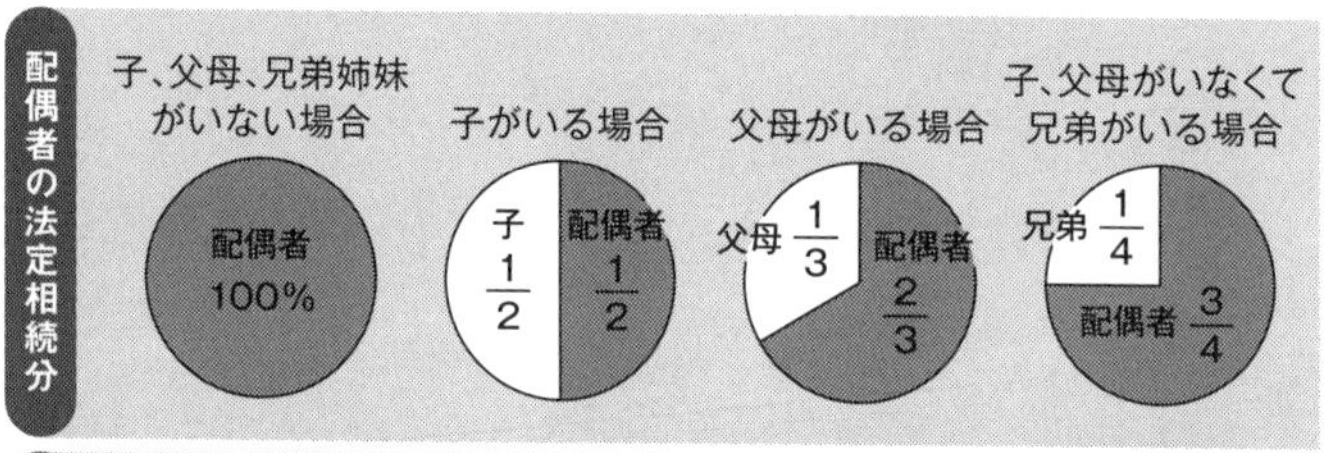

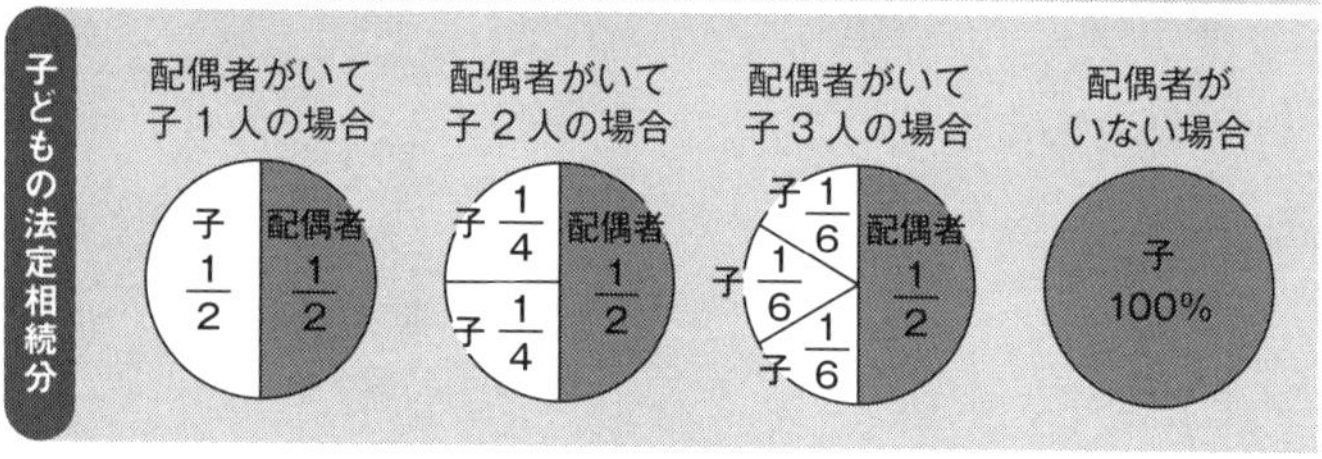

贈与とは

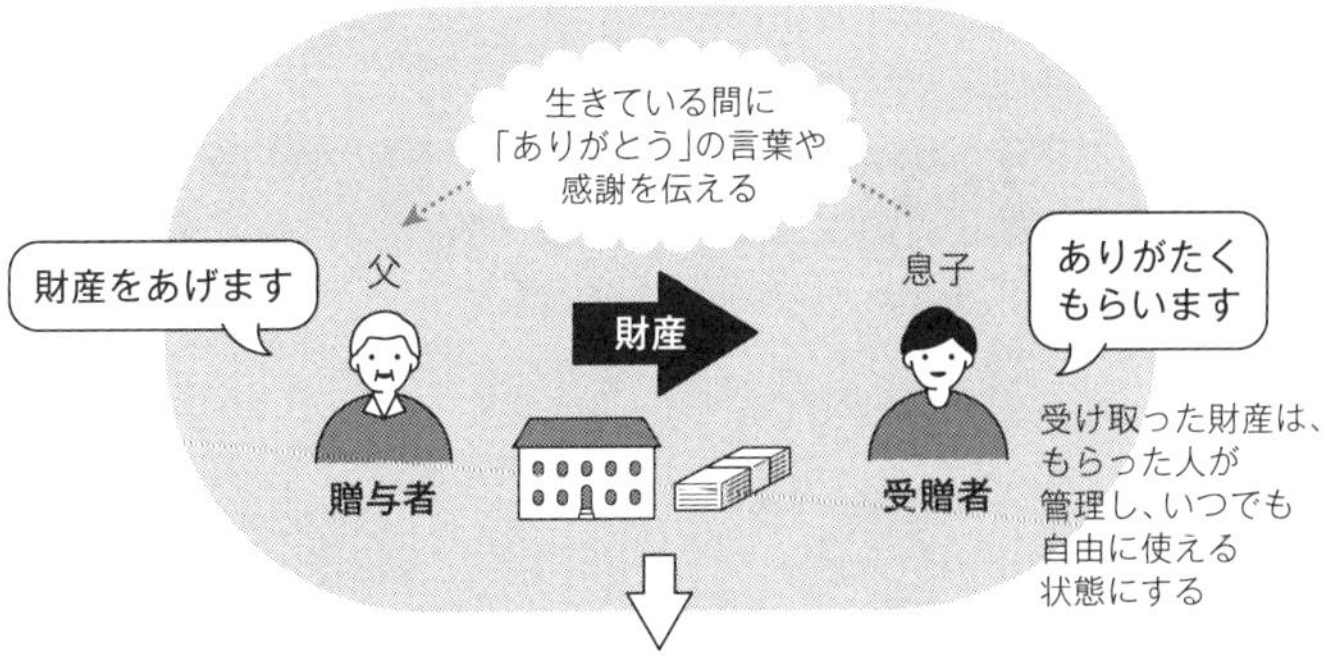
生きている間に
「ありがとう」の言葉や
感謝を伝える
財産をあげます
父
財産
息子
ありがたく
もらいます
贈与者
受贈者
受け取った財産は、
もらった人が
管理し、いつでも
自由に使える
状態にする

1年間に受け取った金額に応じて、受け取った人に贈与税がかかる

贈与税が非課税になる方法	暦年贈与、居住用財産の配偶者贈与、住宅取得等資金の贈与、教育資金贈与、結婚・子育て資金贈与、特定障害者贈与など

贈与税の計算の仕方

直系尊属から20歳以上の者への贈与

課税価格	親から子への贈与	
	税率	控除額
200万円以下	10%	0円
400万円以下	15%	10万円
600万円以下	20%	30万円
1000万円以下	30%	90万円
1500万円以下	40%	190万円
3000万円以下	45%	265万円
4500万円以下	50%	415万円
4500万円超	55%	640万円

左記以外

課税価格	親から子への贈与	
	税率	控除額
200万円以下	10%	0円
300万円以下	15%	10万円
400万円以下	20%	25万円
600万円以下	30%	65万円
1000万円以下	40%	125万円
1500万円以下	45%	175万円
3000万円以下	50%	250万円
3000万円超	55%	400万円

贈与税額＝(贈与金額 −110万円【基礎控除額】)× 税率 − 控除額

小規模宅地等の特例

	宅地	適用面積	減額割合
①	自宅用の宅地	330㎡まで	80%
②	事業用の宅地	400㎡まで	80%
③	貸付用の宅地	200㎡まで	50%

①と②の併用：合計 730 ㎡まで

①と②と③の併用：①×200/330＋②×200/400＋③≦200㎡

二世帯住宅の場合（土地は親名義）

建物を区分登記していると

親の持ち分に相当する
敷地面積のみが評価減の対象

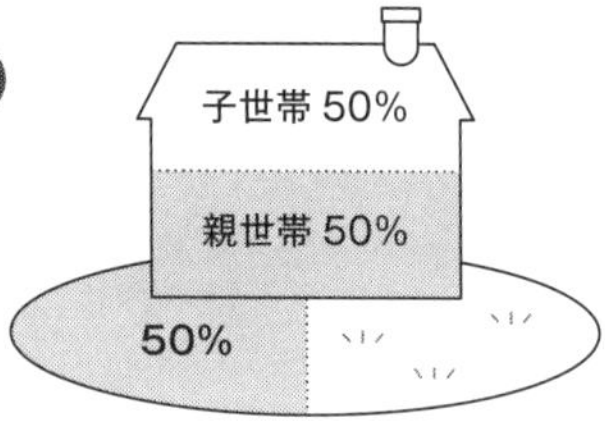

建物を共有登記していると

親の名義である敷地面積
全部が評価減の対象

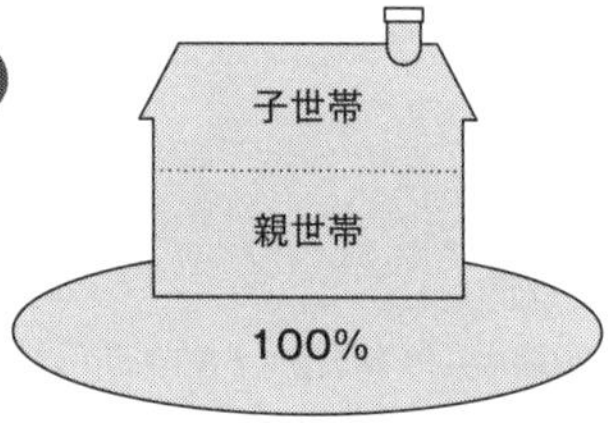

相続税法の計算法

遺産総額 − 基礎控除 ＝ 課税遺産総額

これがマイナスなら相続税はかからない

<相続税の基礎控除>
3000万円＋600万円×法定相続人の数

相続税の早見表

法定相続分に応じた取得金額	税率	控除額
1000万円以下	10%	0円
1000万円超3000万円以下	15%	50万円
3000万円超5000万円以下	20%	200万円
5000万円超1億円以下	30%	700万円
1億円超2億円以下	40%	1700万円
2億円超3億円以下	45%	2700万円
3億円超6億円以下	50%	4200万円
6億円超	55%	7200万円

税額＝課税遺産総額×税率－控除額

相続税の納税方法

相続税納税義務者	相続税とは、被相続人（亡くなった親）から遺産を引き継いだとき、その受け取った遺産に対して相続人が課税されるもの。相続税には基礎控除があり、遺産の合計額が基礎控除額を超えた人が相続税を払う。相続税は実際に受け取った遺産の割合に応じて分配するので、遺産を多く受け取った人は相続税を多く払う
相続税申告	一般的な相続税申告はもちろん、配偶者の税制軽減や小規模宅地等の特例を使うことで結果的に相続税がゼロになる人も、これらの特例を使うには申告が必要
申告場所	被相続人の住所地を所轄する税務署
納付期限	被相続人の死亡を知った翌日から10カ月以内
申告書作成	相続税の申告書は、とても一般の人には手に負えるものではないので税理士に依頼する。必要書類なども税理士の指示に従う

身辺整理deスッキリ老後01

服、着物、雑貨、書籍を断捨離しましょう

「断捨離」とは不要なものを断ち、使わないものを潔く捨てることで、物への執着から離れること。家の中が片づくと同時に、心の重荷やストレスからも解放されます。不用なものをどっさり捨てたあとは、衝動買いや浪費も自然と減っていくものです。

服、着物、雑貨は引き継いでくれる子どもや孫がいれば嬉しいですが、売ることもできます。自分にとっての不用品が他人にとって必要なものかもしれないので、ネットオークションやリサイクルショップを利用しましょう。

また、部屋を占領しているのが書籍の人も多いでしょう。書籍は「誰かが読んでくれる」と思うと処分しやすいものです。たとえば中古本販売大手のブッオフでは、宅配便の着払いで本を引き取り、査定金額を銀行口座に振り込む「宅本便」というサービスがあります。

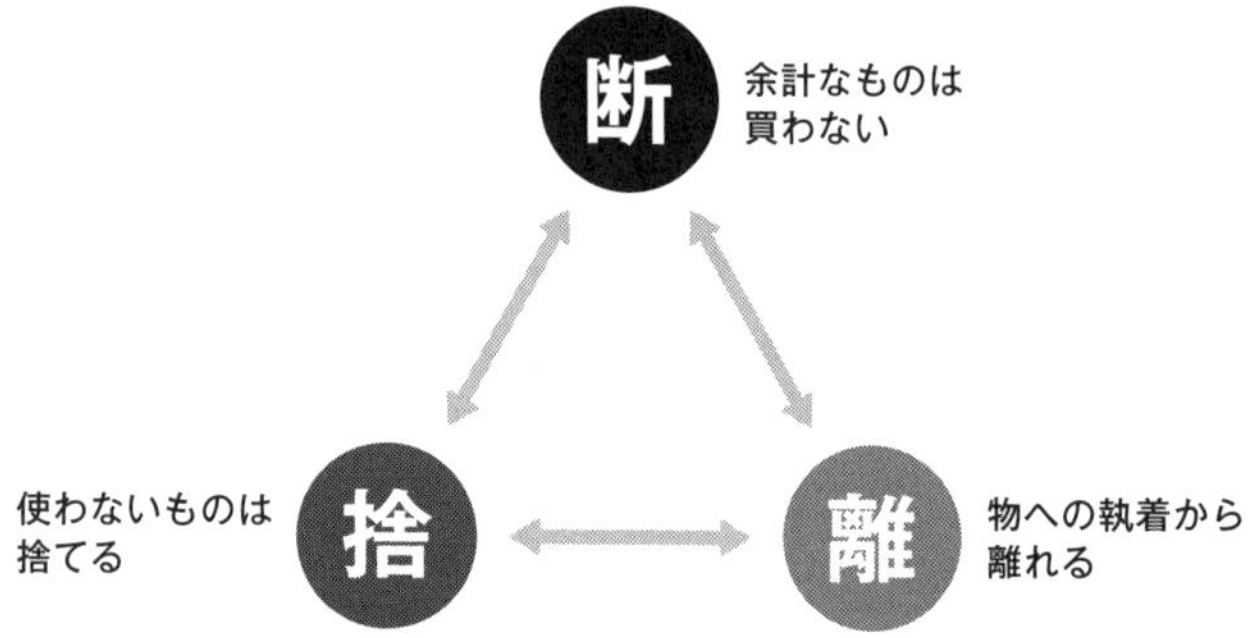
断
余計なものは買わない
捨
使わないものは捨てる
離
物への執着から離れる

身辺整理deスッキリ老後02

銀行の休眠口座を解約しましょう

長期間取引のない預金口座のことを「休眠口座」といい、そこにある預金を「休眠預金」といいます。

2018年1月に休眠預金等活用法が施行され、銀行は10年以上、ゆうちょ銀行は5年以上出し入れのない休眠預金は、公益活動をする民間のNPOに役立てられる道筋ができました。

若いころに銀行口座を作り、今は利用していないなら解約をおすすめします。なぜなら、相続時には手続きがとても煩雑になるからです。

参考までにメガバンクにおける旧銀行の名前をリストアップします。

メガバンクの旧銀行名

みずほ銀行

第一勧業銀行、富士銀行、
日本興業銀行

三菱UFJ銀行

三菱銀行、東京銀行、UFJ銀行、
三和銀行、東海銀行

三井住友銀行

三井銀行、住友銀行、
太陽神戸銀行、さくら銀行

りそな銀行

あさひ銀行、大和銀行、協和銀行、
埼玉銀行、協和埼玉銀行

休眠口座活用の流れ

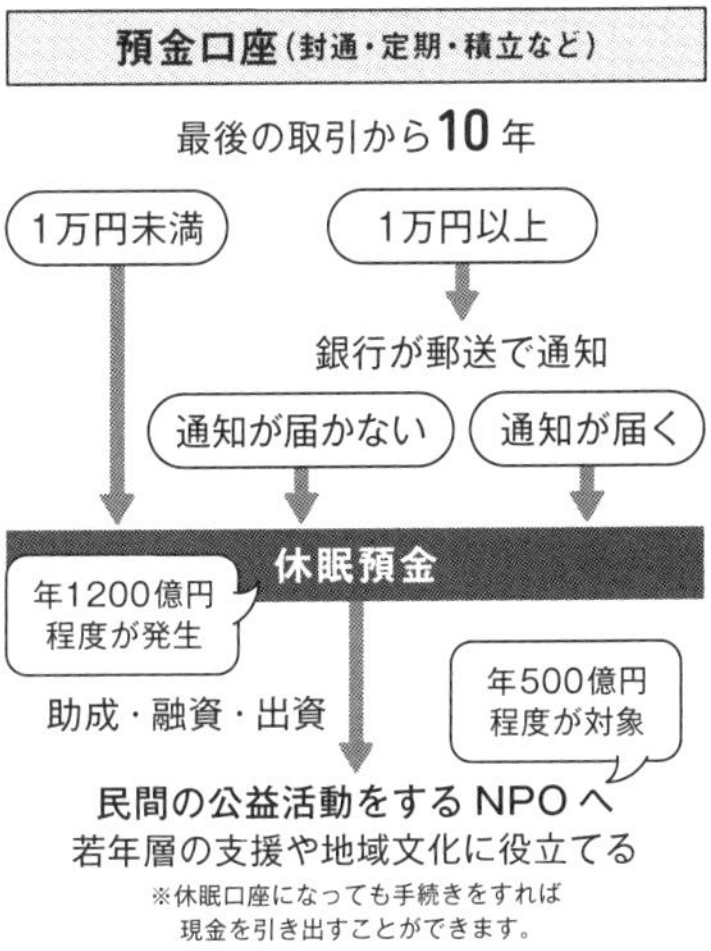

身辺整理deスッキリ老後03

使わないクレジットカードを解約しましょう

あなたはクレジットカードを何枚持っていますか？　取引先や金融機関との付き合いで気軽にカードを作成し、５枚以上持っている方も多いかと思います。

カード自体は未使用でも、そこにはショッピングやキャッシング枠が設定されています。カードを多く持っていると財布の紛失や盗難時のリスクが大きく、また不正に利用されてしまう可能性もあります。

カードは特別な目的がない限り、仕事や日常生活で頻繁に利用するメインカードと、自分に合う特典のあるサブカードを持てば十分ではないでしょうか。

カードの解約は下記にあるように意外と簡単です。若いころにカードを作り、現在は使っていないのあれば、今のうちに解約をしておくと安心です。

クレジットカード解約の流れ

STEP 1

カードの裏面にあるサービスセンターに電話し、
カード解約の意向をオペレーターに伝える。
（自動音声のガイドに従って、
カード番号をプッシュするやり方で解約する会社もある）

↓

STEP 2

解約後のカードにハサミを入れて、
復元されないよう複数のごみ箱に分けて捨てる。

身辺整理deスッキリ老後04

デジタルデータを整理しましょう

スマホやパソコンは個人的なものであり、家族にも見られたくないデータが入っているものです。万一のときのため、デジタルデータの断捨離は「残しておきたいデータ」「隠しておきたいデータ」「仕事の引き継ぎデータ」など仕分けることからはじめましょう。

IDやパスワード、暗証番号

万一のときのため、IDやパスワード、暗証番号が家族に伝わるように準備するのは大事なことです。しかし、安易に伝えることはできません。「秘密のノート」に書き、信頼できる人がノートのありかを知っているのがベストです。

ブログやフェイスブックなどのSNS

自分の死後にブログやフェイスブック、ツイッターなどのSNSを消去したい場合、家族に訃報を掲載してもらい、その後、削除する手を打っておきましょう。こちらもID、パスワードは「秘密のノート」に書いておきましょう。

仕事の書類

流出すると大ごとになるデータがあると、万一のときに会社や取引先に迷惑がかかります。パソコンの中身も整理整頓をし、重要書類にはパスワードをかけ、「秘密のノート」にパスワードを書いておくのがよいでしょう。

ネット銀行

相続財産の中で最も見つけにくいのがネット銀行の預金口座です。ネット銀行は通帳がなく、残高が記されている郵便物もこないところが多いので、手がかりがないのが実情です。ネット銀行を使っている人は「秘密のノート」に口座情報を書いておきましょう。

メール

家族に見られたくないメールやラインは、その都度、削除する癖をつけるとよいでしょう。

写真データ

デジタルデータになっている写真は紙焼き写真とは異なりかさばらないので、いくらあってもよいです。写真やアルバムを整理して残すことは、残される家族への思いやりのひとつです。

身辺整理deスッキリ老後05

ペットの行先を見つけておきましょう

ペットを家族として迎え入れ、心の拠りどころになっている人も多いでしょう。しかし、飼い主が亡くなったあとのペットの暮らしを考えたことがありますか？　万一のとき、安心して託せる子どもや孫がいれば安心ですが、引き取りを拒否されることもあります。

ペットも長寿化しています。ペットにつらい思いをさせないためにも行き先を早めに決めておくと、自分もペットも安心して毎日を過ごせます。

動物の保護団体（NPO）

動物の保護団体は動物が好きな人が運営しており、次の飼い主を見つけてくれるマッチングサービスもあります。しかし、熱心に活動している団体ほど資金や人手不足です。寄付を募っているところが多いので、協力をしておくと、万一のときに優先的にペットを助けてくれるでしょう。

動物と暮らせる介護付き老人ホーム

ペットを受け入れてくれる老人ホームなら、ペットと別れることなく一緒に暮らすことができます。飼い主が亡くなった後もペットの面倒をみてくれるので安心です。

ペット仲間の友人

ペットに直接お金を残すことはできませんが、ペットを引き継ぐ人にお金を残すことができます。

信託 財産を預け、託した人（受託者）にペットのお世話を任せる契約をします。自分に介護が必要になったらなどと条件をつければ、生前からお世話を任せることができます。監視者を設定することもでき、ペットの世話にある程度の強制力があるのが特徴です。

遺言による負担付遺贈 財産を残す代わりに、ペットのお世話をお願いするという遺言を残すことも可能。この場合、誰に頼むのかが重要で、例えばペットの保護活動などを通してネットワークを広げ、その出会った人にお願いするなど、安心して任せられる人を探しましょう。

身辺整理deスッキリ老後06

年賀状を上手に断りましょう

年賀状を書くのが億劫になり、そろそろやめたいと思っている人もいるでしょう。とはいえ、いただいた年賀状に返事を返さないのも心苦しいものです。

そこで、自分から年賀状を出し、来年からの年賀状を断る方法があります。このとき大切なのは、「あなたが嫌いになったわけではなく、年賀状を書く作業が苦しくなった」というニュアンスを感じてもらうこと。相手に不快感を与えないようなフレーズをいくつか紹介します。

上手な年賀状の断りフレーズ

PATTERN 1

「寄る年波を感じるに至り、本年をもってどなたさまにも
年始のご挨拶を控えさせていただくことにしました。
誠に勝手ではございますが、
今後も変わらぬお付き合いをよろしくお願い致します」

PATTERN 2

「身辺何かと忙しくなりました。
雑事に追われて年末の年賀状準備が困難になりました。
事情、おくみ取りください」

PATTERN 3

「私も寄る年波には勝てず、毎年の年賀状を
したためることも難しくなってまいりました。
本年をもちまして年始のご挨拶状を
ご遠慮させていただこうと考えております」

電話番号とメールアドレスを書き添える

↓

「失礼するのは年賀状のことだけです。今後はメール、お電話にて
お付き合いさせていただければ幸いです。
また、ご都合のよい折にお会いできれば嬉しく思います」

法定相続人の範囲と順位
記入してみましょう

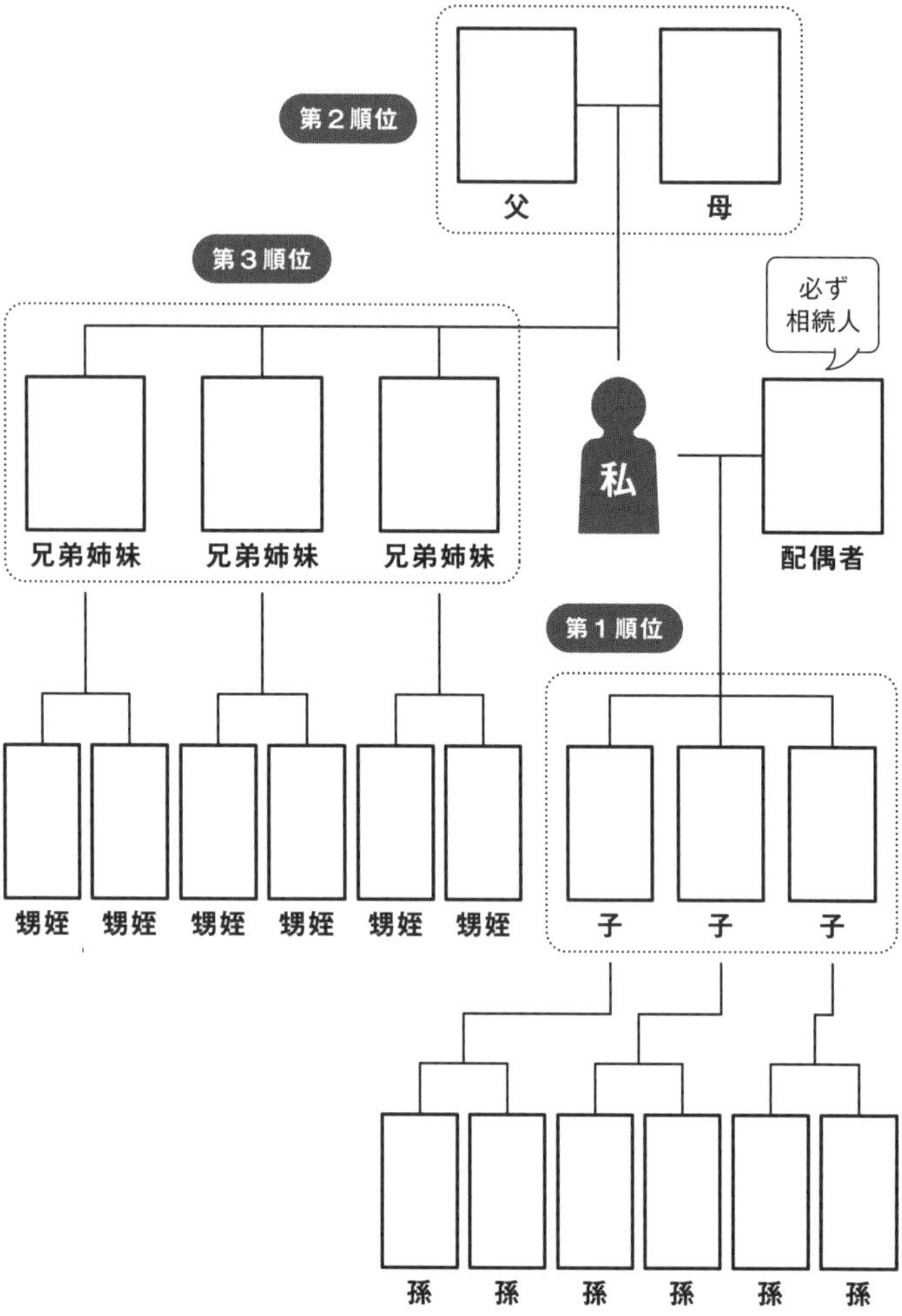

あとがきにかえて

エクスプレス・タックス税理士法人
中島里恵

私はエクスプレス・タックス税理士法人に入社し、税理士として、日々、研鑽を積んでいます。前職はＩＴ企業に勤務しており、税務とはほぼ無縁の仕事をしていました。

税理士を目指したきっかけは、町工場を経営していた父が病気で他界したことです。他界後、父がお世話になっていた税理士の先生がいろいろと助けてくださいました。そこで、自分も税理士になって困った人を助けると決め、人生の舵を大きく切りました。

廣田先生曰く、「相続対策は人生を考えるよい機会になる」とのこと。まさにそのとおりのことを体験したのです。

私が入社初日に廣田先生から教えていただいたことは、「お客さまからご相談を受けたら、速やかに税金を概算できる力を身につけること」です。お客さまはどれくらいの税負担があるのかを知りたくて相談にいらっしゃいます。その場で概算の税額をお伝えできれば、お客さまはさぞかし安心されることでしょう。

しかし、不動産や相続の税金計算は非常に複雑で、税額の概算は簡単なことではありません。廣田先生はどんな複雑なケースでも即、概算されますし、実際の申告時にその概算金額と納税額はほぼ一致します。これは廣田先生が不動産と相続について非常に多くの経験と知見をお持ちだからだと思います。

また、廣田先生はお客さまからのご相談はもちろん、私たち社内の人間に対しても話をじっくり聞いたうえで、的を射た発言をされます。相手の話を遮ることは決してせず、話が終わるまでうなずきながら笑顔で聞いてくださいます。

お客さまもご自身の悩みを打ち明け、解決の道筋を示してくれる廣田先生には心を開いていらっしゃるご様子です。廣田先生は「相続の原点は家族の協調だ」という考えに基づき、次の世代に対するお客さまの想いをお伺いしつつ、常に家族が円満に相続するためにはどのようにしたらよいかを考えているのです。

廣田先生のフットワークのよさにも目を見張るものがあります。デジタル化が発達する今、直接会わなくても大抵のことはできてしまう世の中になりつつありますが、しかし、相手の本当の気持ちは直接お会いしないとわからない部分が多くあります。差し迫った状況であるほど、直接お会いし、相手の表情や仕草、態度から真の気持ちを汲み取ることがとても重要であるということを、私は廣田先生から学びました。

エクスプレス・タックスでは、お客さまがご相談に来られるとき、廣田先生と必ず私たちメンバーの誰かが同席します。廣田先生は接客中、私たちに意見を出しやすい雰囲気を作ってくださり、そして税理士の大先輩として、お客さまとの関係の作り方や過去の経験からの知見をよく話してくださいます。

オフィス内は、各自が自分自身の職務内容に則って黙々と仕事をしており、皆が集中している雰囲気で満ちています。総務の方の行き届いた管理により、私たちの社内作業は最小限で済み、時間をお客さまのために使うことができます。皆、自己管理ができているため、期限通り仕事が完了します。

廣田先生は性別、年齢、立場などに関わらず誰に対しても平等に接し、各自の能力ややる気に応じて仕事を割り振ってくださいます。ある意味厳しい部分もありますが、日々、自分の成長を感じています。

そのようなプロが集まる職場ですが、メンバーの誰かが困った時には、皆で会議室に集まって知恵を出し合い、最善の方法をお客さまにご提供できる仕組みになっています。

最後に、この原稿を書いている矢先、私の叔父が病気で他界しました。

私が生前本人から電話を受けたのは他界の2週間前、残される奥さまの生活を心配し、不動産の相続について助けてほしいとのことでした。叔父との思い出がこみあげましたが、涙をこらえ、「相続のことは私に任せて、奥さまとの時間を大切に、1日でも長く生きてほしい」と伝えました。

叔父には子どもがなかったため、相続人は奥さまと兄弟になります。兄弟にはすでに死亡している者もおり、その子どもが代襲相続人となります。相続人の数を数えたらなんと10人おりました。相続するためには、10人の公式な書面が必要です。もう少し早く相談してもらえれば、さまざまな対策を打てたのですが、叔父は昨年まではほとんど病気の症状がなく、この1カ月で急激に悪化したとのことでした。

このように別れは突然やってくることがあります。ご自身の相続についてお元気なうちはさまざまな対策が講じられます。まだ元気だから後回しとは思わず、私どもにご相談ください。私どもは皆さまから安心してご相談していただけるよう、今後も精進してまいります。

＊　本書はデジタル毎日・経済プレミアムで
２０１５年６月から連載されている
「高齢化時代の相続税対策」を加筆、修正したものです。

廣田龍介

ひろた・りゅうすけ

福島県いわき市生まれ、1985（昭和60）年税理士登録。エクスプレス・タックス税理士法人・代表社員。法人・個人の確定申告、相続税申告、不動産の有効活用、遺言作成アドバイス、家族信託といった業務を中心に、幅広いコンサルティング業務を行う。相続に関する講演や各種セミナー、相談会を随時行っている。土地は「持つべき資産」から「利用すべき資産」への発想に転換すべきことを早くから提唱。その具体策をケーススタディ方式でやさしく解説し、多くのファンを持っている。著書に『相続財産を3代先まで残す方法』（幻冬舎）、『新・相続税は「自宅対策」から始める！』（KADOKAWA）、『事例でわかる　高齢化時代の相続税対策』（毎日新聞出版）、『15のキーワードと32の相続事例から読み解く　スッキリ相続への道』『7のキーワード応用編と28の相続事例から読み解くスッキリ相続への道2』（方丈社）がある。

装丁・イラスト　八田さつき
撮影　落合星文
編集協力　坂本君子

9のキーワード実践編《じっせんへん》と25の相続事例《そうぞくじれい》から読《よ》み解《と》く

スッキリ相続《そうぞく》への道《みち》3

2021年5月31日　第1版第1刷発行

著者　　廣《ひろ》田《た》龍介《りゅうすけ》

発行人　宮下研一

発行所　株式会社方丈社

〒101-0051

東京都千代田区神田神保町1-32 星野ビル2階

tel. 03-3518-2272 ／ fax. 03-3518-2273

ホームページ https://hojosha.co.jp

印刷所　中央精版印刷株式会社